# TODA A GRÉCIA ANTIGA EM UM PAPO DE ELEVADOR

# THEODŌROS PAPAKŌSTAS

# TODA A GRÉCIA ANTIGA EM UM PAPO DE ELEVADOR

▲▼

Um diálogo divertido e surpreendente
sobre a história, a mitologia
e a arqueologia gregas

Título original: *Χωράει όλη η αρχαιότητα στο ασανσέρ;*

Copyright © 2021 por Theodōros Papakōstas
Copyright da tradução © 2024 por GMT Editores Ltda.

Esta edição foi publicada mediante acordo com Ersilia Literary Agency
e International Editors Co.
Publicado originalmente na Grécia em 2021 pela Key Books.

Todos os direitos reservados. Nenhuma parte deste livro pode ser utilizada ou
reproduzida sob quaisquer meios existentes sem autorização por escrito dos editores.

*coordenação editorial:* Juliana Souza
*produção editorial:* Guilherme Bernardo
*ilustrações:* Thanos Tsilis
*tradução:* Thelma Lersch
*preparo de originais:* Ângelo Lessa
*revisão:* Guilherme Bernardo e Luis Américo Costa
*diagramação:* Ana Paula Daudt Brandão
*capa:* Estúdio Insólito
*imagem de capa:* Luisa Ricciarini/Bridgeman Images/Keystone Brasil
*impressão e acabamento:* Cromosete Gráfica e Editora Ltda.

CIP-BRASIL. CATALOGAÇÃO NA PUBLICAÇÃO
SINDICATO NACIONAL DOS EDITORES DE LIVROS, RJ

P229t

Papakōstas, Theodōros
Toda a Grécia Antiga em um papo de elevador / Theodōros Papakōstas ; ilustração
Thanos Tsilis ; tradução Thelma Lersch. - 1. ed. - Rio de Janeiro : Sextante, 2024.
224 p. : il. ; 21 cm.

Tradução de: *Χωράει όλη η αρχαιότητα στο ασανσέρ;*
ISBN 978-65-5564-836-2

1. História antiga - Grécia. 2. Arqueologia - Grécia. 3. Grécia - Antiguidades.
I. Tsilis, Thanos. II. Lersch, Thelma. III. Título.

| | CDD: 938 |
| --- | --- |
| 24-88745 | CDU: 94(37) |

Meri Gleice Rodrigues de Souza - Bibliotecária - CRB-7/6439

Todos os direitos reservados, no Brasil, por
GMT Editores Ltda.
Rua Voluntários da Pátria, 45 – 14º andar – Botafogo
22270-000 – Rio de Janeiro – RJ
Tel.: (21) 2538-4100
E-mail: atendimento@sextante.com.br
www.sextante.com.br

# Sumário

| | |
|---|---|
| Prefácio | 7 |
| Nota do autor | 9 |
| Introdução | 11 |

**1. Idade da Pedra** — 19
FAQ: O QUE É A ARQUEOLOGIA? — 34

**2. Civilização cicládica** — 39
FAQ: QUEM FOI O PRIMEIRO ARQUEÓLOGO? — 46

**3. Civilização minoica** — 53
FAQ: A ARQUEOLOGIA VAI ALÉM DAS ESCAVAÇÕES? — 62

**4. Civilização micênica** — 67
FAQ: COMO OS ARQUEÓLOGOS DATAM OS ACHADOS? — 75

**5. Idade das Trevas** — 79
FAQ: POR QUE EXISTEM TANTOS PONTOS DE VISTA
DIFERENTES NA ARQUEOLOGIA CIENTÍFICA? — 85

**6. Período Geométrico** — 91
FAQ: O QUE OS GREGOS REALMENTE FAZIAM
NA ANTIGUIDADE? — 98

**7.** Período Arcaico      101

     FAQ: POR QUE A ARQUEOLOGIA É CHEIA DE TERMOS
CIENTÍFICOS E JARGÕES?      121

**8.** As Guerras Médicas      127

     FAQ: POR QUE AS ANTIGUIDADES ESTÃO ENTERRADAS
NO SUBSOLO?      132

**9.** Período Clássico      135

     FAQ: QUAL É O ACHADO ARQUEOLÓGICO MAIS
IMPORTANTE EM UMA ESCAVAÇÃO?      166

**10.** Alexandre, o Grande      169

     FAQ: POR QUE A MITOLOGIA É UMA BAGUNÇA?      177

**11.** Período Helenístico      179

     FAQ: A ANTIGUIDADE TEM UM LADO SOMBRIO?      192

**12.** Período Romano      197

Epílogo      207

Bibliografia      219

Cronologia      220

Agradecimentos      222

# Prefácio

Este livro propõe uma experiência inusitada: explicar toda a Grécia Antiga em um papo de elevador. Não cabe. Mas cabe em outro lugar, e esse não tem limites: nossa imaginação.

A arqueologia pode ser filha da modernidade, mas nossa necessidade de imaginar o passado é uma característica atemporal. A arqueologia nasceu como ciência no século XIX, envolta num véu estéril de seriedade, como uma espécie de filologia ao ar livre.

O que veio a seguir você já pode imaginar: pedantismo, dogmas, uma aura de segredo, caça ao tesouro, tudo para alimentar as narrativas de gregos, egípcios, chineses, tailandeses, turcos, mexicanos. Cada país recorreu à ciência arqueológica para obter demonstrações tangíveis de suas origens (demonstrações de preferência gloriosas), num momento em que a cultura pop entrou com tudo na arqueologia, internacionalizando o sonho do culto aos povos antigos. No fim do século XX, enquanto o mundo via o surgimento de Indiana Jones e Lara Croft, na Grécia sofríamos da nossa "síndrome de Vergina" (o local dos magníficos enterros macedônios), deslumbrados pelo espectro de uma Antiguidade que – paradoxalmente – ainda vivia entre nós.

Em *Toda a Grécia Antiga em um papo de elevador*, o arqueólogo Theodōros Papakōstas faz algo inédito e ousado: aproxima a arqueologia do nosso dia a dia. Para isso, desconstrói o passado, explica o papel fundamental dos povos antigos na nossa vida e mostra como esse assunto é divertido. Papakōstas não tem medo de brincar com uma ciência que estuda o passado – inclusive, nos convida a imitá-lo e a nos libertarmos de séculos e mais séculos de aridez científica.

Como um alegre contador de histórias, Papakōstas assume o papel de "arqueostoryteller" (uma espécie de contador de histórias sobre arqueologia) – conforme consta em suas redes sociais – e fala sobre a Antiguidade com conhecimento dos fatos e amor pela ciência, mas também com espírito subversivo, sempre mantendo o bom humor. Com isso, tanto o leitor leigo quanto o especialista descobrem ou reencontram a Antiguidade – não só da Grécia, mas como um todo.

Na verdade, toda a Grécia Antiga não cabe num elevador – como o próprio personagem arqueólogo diz em diversos momentos –, mas cabe na nossa imaginação e no nosso coração.

Dimítris Plántzos
Professor de Arqueologia
(Universidade de Atenas)
*Janeiro de 2021*

# Nota do autor

O tempo é uma criança brincando.
A realeza está nas mãos de uma criança.
Heráclito

Este livro tem um duplo propósito. O primeiro é apresentar ao público geral a história da Grécia Antiga e os seus achados de forma agradável, simples e rápida, sem exigir conhecimentos específicos. O segundo é responder às questões mais comuns da arqueologia, um campo de estudo que diz respeito a todos nós, embora a maioria das pessoas não o conheça.

Este livro nasceu como uma continuação natural do Arqueo-storyteller, projeto de divulgação científica que criei nas redes sociais. O objetivo da divulgação arqueológica é traduzir as informações científicas dos especialistas para seu destinatário natural: o público geral. Ao longo do texto fazemos uma viagem por toda a Grécia Antiga – desde a Pré-História até o momento que se convencionou apontar como fim da Idade Antiga. Evitei usar termos científicos complexos, que poderiam desanimar o leitor. Ao fim do livro, você conhecerá as características fundamentais de todos os períodos importantes da Antiguidade e terá uma boa ideia de como era a Grécia Antiga. Graças a isso, no futuro conseguirá assimilar melhor qualquer informação nova e inseri-la num quadro geral já conhecido.

A narrativa segue a ordem cronológica e é intercalada com as perguntas mais comuns da arqueologia, que coletei conversando com seguidores nas redes sociais. A subdivisão cronológica pode variar muito dependendo da fonte, por isso optei por apresentar os períodos mais conhecidos em doze capítulos, que é exatamente o número de deuses do Olimpo!

Será que toda a Grécia Antiga cabe num elevador? Essa é a pergunta que me faço nas páginas a seguir. Deixo a resposta para o leitor. Uma coisa é certa: é difícil espremê-la inteira nas páginas de um livro curto como este, e tive dificuldade para decidir o que incluir e o que deixar de fora. Afinal, se toda a Grécia Antiga não cabe neste livro, como caberia num papo de elevador? Bem, ao menos suas características essenciais cabem num elevador e num livro, e sobretudo na nossa mente, onde podemos guardá-las para sempre.

Uma última coisa. Sei que alguns vão dizer: "Ah, mas você não falou sobre isso ou aquilo." E é verdade, não falei, mas você sabe que não tenho como falar de tudo aqui. Quando você sentir vontade de fazer essa crítica, volte a esta página!

# Introdução

Tudo começou de um jeito inesperado, mas muito corriqueiro: ficamos presos num elevador. Não havia motivo para pânico. O elevador era espaçoso, moderno, todo de vidro. Um desses elevadores panorâmicos imponentes de centros comerciais, onde você entra e fica todo animado feito uma criança, mas tem que disfarçar o entusiasmo porque é adulto.

Dava para ver o pátio do centro comercial pelas paredes de vidro, e o sol brilhava entre as palmeiras e samambaias nos canteiros. Os alto-falantes tocavam hits da nossa música em volume baixo. Junto comigo havia um rapaz, que parecia meio sem jeito. Trocamos algumas palavras e pedimos ajuda pelo interfone. Só nos restava esperar, então começamos a bater papo para passar o tempo. Ele me perguntou o que eu fazia da vida.

– Sou arqueólogo.

– Que legal! Eu queria ser arqueólogo quando criança. Hoje não me lembro de quase nada da Antiguidade, talvez só do Péricles, do Sócrates, dos deuses do Olimpo. Mas me lembro de uma frase que os antigos falavam... – Ele levou a mão à testa, pensativo. – Tudo flui! – exclamou, com um sorriso de satisfação.

– Na verdade, não era algo que os antigos diziam. "Tudo flui" é uma citação de Heráclito, um filósofo da Antiguidade. E Heráclito não usou essas palavras exatas, foi Platão quem resumiu a ideia de Heráclito assim. Mas no fundo isso não importa, porque é mesmo uma frase linda e cheia de sabedoria.

Ele me encarou como se tentasse descobrir se eu era só um nerd ou se era um doido varrido. Provavelmente decidiu me testar mais um pouco e disse:

– Os antigos falavam coisas bonitas, não acha? Eles eram cheios de sabedoria.

– Nem tudo que eles diziam era sábio. Também passaram um monte de baboseiras vazias adiante.

– E qual a sua citação favorita?

– Não sei se tenho uma favorita. Mas tem uma do Heráclito que sempre me fascinou.

– O mesmo cara que disse que "tudo flui"?

– Isso. Ele também tinha um lado mau: "Homero devia ser proibido de participar das competições de poesia e ainda levar uma surra de vara, assim como Arquíloco."

– Ah, ok. E o que significa?

– Que Homero devia ser banido das competições de poesia, porque nas obras dele não havia nenhuma sabedoria. Para Heráclito, Homero era um farsante e merecia uma surra. Arquíloco também.

– Só isso? Que maluquice é essa? – perguntou o rapaz, os olhos brilhando de curiosidade.

– Não é maluquice.

– Certo, mas também não é uma dessas frases marcantes que as pessoas tatuam no corpo. Achei que fosse ouvir uma sabedoria oculta.

– Heráclito tinha uma visão de mundo diferente. Com essa frase ele quis dizer que nem sempre as celebridades, as personalidades de destaque, merecem a fama que têm só por serem as referências dos nossos pais e avós.

– Então Homero não merece a fama que tem? Foi isso que esse cara quis dizer? Que coisa!

Eu podia simplesmente não responder nada. O problema é que adoro falar do meu trabalho. Quando conheço alguém que tem uma opinião diferente da minha, é como se sentisse uma coceira. E preciso coçar para me livrar dela. (Aliás, preciso falar sobre isso com o meu terapeuta.)

– O que "esse cara" quis dizer é… relativo. Só estou interpretando as palavras dele. Para Heráclito, nem tudo que os famosos dizem e fazem é incrível e maravilhoso, e o mesmo vale para o legado que herdamos dos nossos antepassados, que seguimos sem pensar duas vezes só porque foi passado de geração em geração. De modo geral, Heráclito quer dizer que não devemos acreditar cegamente nas autoridades. Ele ousou ter uma opinião diferente e expressar suas dúvidas, e não poupou nem o maior poeta grego de todos os tempos. Talvez do mundo todo.

– Entendi. – O rapaz ergueu as sobrancelhas com cara de desconfiado. – O Homero eu conheço. Mas e o outro, o tal de Arquíloco?

– Arquíloco foi um poeta lírico que costumava escrever poemas eróticos.

– Poemas doces e românticos? – perguntou ele, meio sem jeito.

– Não, os poemas de Arquíloco não tinham nada de sentimental. Eram eróticos mesmo.

Ele arregalou os olhos. Eu continuei:

– Infelizmente nenhum poema "infame" dele chegou aos dias de hoje.

– Mas o que significa poesia lírica?

– Tinha um sentido diferente do que tem hoje. Na época eles usavam uma lira para acompanhar a poesia. Era um tipo de música que não retratava atos gloriosos ou heroicos do passado, como Homero fez na *Ilíada* e na *Odisseia*. Arquíloco escreveu sobre o cotidiano das pessoas. Pode-se dizer que ele fazia poesia popular. Surge um paradigma diferente do que costumamos ver nas pessoas da época. Certa vez, durante uma batalha, ele ficou com medo de morrer. Deu as costas para o campo de batalha e fugiu às pressas. E não sentiu a menor vergonha desse ato de covardia; pelo contrário: escreveu um poema sobre o acontecido.

– Sério? Esse poema chegou a nós?

– Chegou.

– E como é o poema?

– Diz mais ou menos o seguinte: "Ó inimigo, faça o quiser com o escudo que joguei na moita antes de fugir! Não vou me preocupar com isso! Estou ótimo, quando quiser arranjo um escudo novo, que não será pior."

– Ele largou o escudo e saiu correndo? Impossível! Os antigos diziam "Volte com seu escudo ou em seu escudo". A covardia era uma desonra!

– Na verdade eram os espartanos que diziam isso. A ideia era: "Volte vitorioso ou volte morto." Mas, mesmo tendo zombado da própria covardia, Arquíloco foi um poeta muito renomado. Para você ver: Heráclito o colocou no mesmo patamar de Homero!

– São muitos nomes! Mas, afinal, quando toda essa gente viveu? E posso fazer uma pergunta boba? Por que os arqueólogos, historiadores e estudiosos da Antiguidade cismam em analisar tudo que os gregos antigos fizeram? Tudo bem, foi legal, uma época importante, eles construíram o Partenon, fundaram a filosofia, mas qual a importância disso tudo hoje? Não temos mais o que fazer?

– Você não pode simplesmente jogar fora toda uma ciência! Precisamos desses conhecimentos.

– Para quê? – ironizou ele.

– Boa pergunta. Digamos que um belo dia você acorde e perceba que perdeu a memória. Você não lembra quem são seus pais. Não lembra quem são seus avós. Você vai querer ir ao médico, certo?

– Sim.

– Ele diz que você não precisa se preocupar e que tem a solução para o seu problema. Mas lhe dá duas opções: você pode fazer um tratamento para recuperar a memória ou pode permanecer sem memória. Minha pergunta é: você escolhe relembrar seu passado ou continuar sem saber de nada?

– É claro que escolho lembrar!

– Por quê?

– Eu sei que nem sempre o passado é legal, e talvez fosse melhor não lembrar de cada detalhezinho das nossas famílias esquisitas. Mas é claro que pelo menos vou querer saber o que aconteceu comigo, quem são as pessoas que me puseram no mundo, que vieram antes de mim, que tipo de gente eram. Vou querer relembrar os bons momentos, saber quem eu ajudei e quem me ajudou. Mas o seu exemplo é totalmente diferente da arqueologia. Afeta diretamente a minha vida!

– Não é tão diferente. Assim como você escolheu recuperar as lembranças, a humanidade precisa da arqueologia. Queremos saber de onde viemos. Você leva consigo as suas lembranças individuais, mas não as coletivas. É por isso que precisamos da ciência. Ela nos ajuda a compreender como chegamos aqui. Talvez até possa nos ajudar a saber se podemos mudar nosso futuro para melhor!

– E o que eu tenho a ver com essas lembranças coletivas?

– Você faz parte de uma sociedade, certo? Você prefere viver e agir feito um robô, sem compreender o mundo à sua volta, sem desenvolver sua própria visão de mundo? Você tem o direito de viver, dormir, acordar, comer e trabalhar mecanicamente, sem raciocinar, apenas repetindo as mesmas ações todos os dias. Mas seria suficiente? Qualquer que seja sua profissão, você vai querer conhecer o passado. Se tentar dar os primeiros passos às cegas, vai cair de cara no chão. Quanto mais você se abre para essa ideia, mais percebe como está conectado ao resto da humanidade.

– Tá bom, no discurso tudo isso é muito bonito. Mas a arqueologia é uma ciência difícil. Não nos ensinaram do jeito certo na escola.

– Esse argumento de que "não nos ensinaram do jeito certo na escola" é legítimo, mas no fundo não passa de desculpa. Arqueologia não é física quântica. Você acha razoável a sociedade como um todo se contentar em aprender só o que é ensinado na escola? Essa ideia de que o ensino começa e termina na sala de aula é errada. Podemos aprender a vida toda, e a arqueologia é acessível, fácil de pesquisar e compreender. Já tentou aprender alguma coisa sobre esse tema depois de adulto, por conta própria?

– O que teria para saber? Por onde eu começo? Nem sei em que época viveram Ulisses, Sócrates, o Minotauro ou Alexandre, o Grande. Não sei quando Micenas existiu. Mas você estudou esses assuntos, não pode me explicar tudo de um jeito simples, na ordem dos acontecimentos?

Ele abriu um sorriso, imaginando que eu desanimaria e responderia que não.

– Claro! Vamos fazer exatamente isso. Pelo jeito, temos tempo.

Ele me encarou perplexo, tentando descobrir se eu estava falando sério. Abri um sorriso.

– Essa eu quero ver – disse ele segundos depois. – Mas estou com fome. Pena que não temos nada para beliscar.

Eu me sentei no chão, e logo depois ele fez o mesmo. Peguei um pacote de salgadinhos da mochila, abri, coloquei no chão e fiz um sinal para que ele se servisse. Os alto-falantes continuavam tocando música baixa. Quando ele pegou um salgadinho eu comecei a falar.

# 1

## IDADE DA PEDRA

– Vamos começar pelo começo.

– Legal. – Ele me olhou inseguro. – Como tudo começou?

– Com o amor.

– Hã?

– Brincadeirinha. Mas, segundo a mitologia grega, o primeiro ser a emergir das trevas do caos foi mesmo Eros, o Cupido.

– Sério? Então é verdade que tudo gira em torno do amor? – Ele sorriu.

– Tudo. Basicamente, tudo é motivado por poder e amor.

– E dinheiro.

– O dinheiro nada mais é do que o poder com outra roupagem.

– E o amor? Que roupa veste?

– O amor está sempre nu. Mas vamos deixar a filosofia de lado e voltar à Pré-História.

– Você não ia falar sobre a Grécia Antiga?

– Sim, mas na hora certa. Daqui a pouco a gente chega à Antiguidade Clássica. Mas saiba que a Pré-História também faz parte da Antiguidade.

– Quando você diz Pré-História está falando de homem das cavernas, uga-buga, etc.?

– Uga-buga? Como você imagina o homem pré-histórico?

– Meio ogro... sei lá!

– Esse é um erro típico que nós cometemos. Acreditamos que a distância temporal implica distância intelectual, como se o homem pré-histórico fosse burro. Enxergamos a História como uma vida em desenvolvimento. Inconscientemente nos colocamos na "fase adulta", e por tabela as gerações anteriores fazem parte da "infância" da humanidade.

– Mas você não pode negar que a humanidade se desenvolveu intelectualmente.

– Claro que se desenvolveu, e muito. E cada geração avança mais e mais. Por outro lado, o ser humano pré-histórico começou do zero, mas não era idiota. Se fosse, não teria sobrevivido. Você faz ideia de como era difícil caçar animais selvagens e parrudos para ter o que comer?

– Como os mamutes?

– Não só mamutes! Acha que é fácil caçar um búfalo?

– Não faço ideia, nunca cacei na vida. Quando criança eu corria atrás de umas galinhas lá onde morava.

– Acho que existe uma boa diferença entre uma galinha e um búfalo – brinquei.

– Com certeza. E na verdade eu nunca consegui pegar uma galinha sequer. Como eles capturavam animais selvagens?

– Com a arma mais poderosa que tinham: a mente! As evidências de períodos posteriores mostram que os nossos antepassados guiavam bandos de animais selvagens por caminhos que levavam a precipícios. Encurralados, os animais não tinham para onde fugir, caíam e morriam. Talvez o ser humano pré-histórico tenha feito algo do tipo.

– Genial! A natureza humana não muda…

– Aí você tocou num tema complexo. Se quer a minha opinião, não existe "natureza humana". O que existe é a biologia humana. Sentimos fome, sede, urinamos, temos dores, choramos. Tudo isso faz parte da nossa biologia, não da nossa natureza. A meu ver, nós construímos e adaptamos a nossa natureza, mas isso é assunto para mais tarde.

– O que eu quero saber é: até que ponto nós, seres humanos atuais, somos diferentes dos pré-históricos?

– Em algumas coisas somos totalmente iguais. Em outras, bem diferentes. É claro que eles tinham uma visão de mundo diferente da nossa, mas sem dúvida tinham sentimentos.

– E a arqueologia tem certeza disso?

– Sim, porque existem muitos registros de seres humanos pré-históricos que morreram e foram enterrados com todo o cuidado. Com base nisso podemos pressupor que suas mortes foram lamentadas. O homem pré-histórico certamente se preocupava com a gravidez de sua mulher no auge do inverno. Ficava apreensivo quando o grupo que saiu para caçar demorava a chegar e, quando o grupo retornava com menos pessoas, torcia para não ter perdido um parente ou amigo, sentia o coração bater a mil, suspirava, sentia medo. Ao mesmo tempo tinham uma percepção muito diferente de si mesmos e do mundo à sua volta.

– Como assim?

– É simples: na época não existia nada do mundo que conhecemos hoje. Nenhuma tecnologia, nenhuma cidade, nenhum bem material. Ou seja, a visão de mundo deles era determinada por estímulos completamente diferentes dos nossos.

– Eu prefiro que você fale sobre os períodos nos quais temos certeza do que aconteceu. A Pré-História não tem nada a ver comigo.

– Mas tudo começou na Pré-História. Foi lá que viramos seres humanos.

– Quando exatamente?

– Na Idade da Pedra, que é dividida em Paleolítico, Mesolítico e Neolítico. Já ouviu essa terminologia antes?

– Sim. Entendo a ordem, e entendo que estamos falando de uma época muito antiga. Mas por que ela é dividida em três? Por que é considerada o primeiro período da História? E por que ela tem esse nome?

– Os estudiosos dividem a Pré-História em três grandes períodos: Idade da Pedra, Idade do Bronze e Idade do Ferro.

– Mas por que esses nomes?

– Porque sim!

– Você está de gozação comigo.

– Só um pouco. Brincadeiras à parte, eles tinham que inventar um nome. Sendo assim, batizaram os períodos de acordo com o material mais usado nos artefatos de cada época encontrados nas escavações. O primeiro período, que é gigantesco, se chama Idade da Pedra, e como eu disse é dividido em Paleolítico, Mesolítico e Neolítico, e cada um desses períodos tem suas subdivisões.

– Calma aí! Já me perdi. São muitos termos científicos. Comece pelo primeiro período.

– É o Paleolítico, que abrange praticamente todo o tempo do ser humano no planeta. Todos os muitos e muitos milênios, desde o surgimento da nossa espécie até a revolução que levou à domesticação de plantas e animais e à mudança para o sedentarismo. É quando chegamos ao Neolítico, que ocorreu há relativamente pouco tempo na história da humanidade.

– Você pulou do Paleolítico para o Neolítico. O que aconteceu com o Mesolítico?

– Ele fica espremido entre o Paleolítico e o Neolítico, porque, como você pode imaginar, essas transformações não aconteceram de um dia para o outro. O Mesolítico é um período de transição entre o Paleolítico e o Neolítico.

– E tudo isso aconteceu na Grécia?

– Não, no mundo todo. A humanidade não surgiu na Grécia, nem na Europa. Nasceu na África Oriental, e a partir dali se disseminou por todo o planeta.

– E isso foi no Paleolítico?

– Exato.

– E quando a Grécia começou a ser habitada?

– Não sabemos o momento exato. Os cientistas ainda estão estudando. Temos evidências arqueológicas de que encontramos os primeiros habitantes da Grécia, mas não vou confundir você com as diferentes espécies de humanos da Pré-História, senão vamos nos perder.

– Espécies de humanos?

– Sim. Nós somos os *Homo sapiens sapiens*, mas existiram outros antes de nós. O *Homo heidelbergensis*, o *Homo neanderthalensis*, que é o famoso homem de Neandertal, entre outros.

– Ah, sim! Eu conheço alguns homens de Neandertal que vivem na atualidade! – Ele riu.

– Sim, em geral estão atrás do volante! Acho que fica mais fácil se você tentar gravar da seguinte forma: um antepassado criou a primeira ferramenta, e nós o chamamos de *Homo habilis*, que significa "homem habilidoso". Depois o fogo foi descoberto. Outro antepassado ficou de pé sobre as "patas" traseiras e começou a andar como nós. Foi chamado de *Homo erectus*, ou seja, "homem ereto", porque se levantou e caminhou sobre as pernas, e a partir daí perdemos o controle da avalanche de mudanças. Seja como for, temos evidências de que o *heidelbergensis*, o *neanderthalensis* e outros atravessaram o território grego em algum momento, indo do sul para o norte. Ainda se discute quando exatamente as espécies humanas deixaram a África e se espalharam pelo mundo. As descobertas futuras vão fornecer mais indícios.

– Isso significa que os gregos vivem aqui desde o Paleolítico?

– Não temos como saber. Sabemos que o ser humano chegou ao que hoje é a Grécia muitos séculos atrás, mas não sabemos que espécie de humano era. Não podemos chamá-los de gregos, só de habitantes do território grego. Não sabemos se houve a formação de um povo grego ou de outro tipo de povo, e também não sabemos se os humanos tinham uma concepção de povo, grupo ou até organização social na época. É por isso que não podemos falar de povos na Pré-História.

– Nessa época não existiam povos?

– Não tem como sabermos, porque eles não deixaram nenhum registro ou informação que possamos usar para descobrir como eles se referiam a si mesmos. Não somos capazes de determinar e localizar povos, grupos étnicos ou nações na Pré-História, e quem afirmar o contrário está mentindo.

– Mas uma vez eu li na internet que...

– Na internet você vai encontrar de tudo – interrompi. – Não necessariamente são fontes confiáveis, baseadas em evidências. Já houve inúmeras tentativas de identificar povos pré-históricos, mas elas tinham fins políticos e fracassaram, porque não foram comprovadas, e isso é inaceitável na ciência. Seja como for, a Pré-História é de fundamental importância para a trajetória da humanidade no planeta. Não importa se o povo é chamado de grego, malgaxe, egípcio ou massai. Mesmo não conseguindo distinguir os grupos étnicos da época, podemos estudar a espécie humana como um todo e o desenvolvimento da civilização.

– Uma pergunta: quando começou o Paleolítico?

– Há cerca de 3,5 milhões de anos. É o período menos conhecido e o mais difícil de delimitar e pesquisar.

– Por quê?

– Porque o ser humano ainda não tinha aprendido a registrar suas ações e pensamentos, não construía grandes obras, não vivia em moradias fixas. Nós éramos caçadores e coletores. Não produzíamos alimentos, só comíamos o que pegávamos nas árvores e conseguíamos caçar, o que não era uma tarefa fácil. O ser humano passou por grandes provações durante centenas de milhares de anos. Os únicos vestígios desse período, usados para identificar os humanos do Paleolítico, são as ferramentas de pedra que eles fabricavam e utilizavam. O Paleolítico e a civilização humana como um todo começaram de forma muito rudimentar. Mas, se você parar para pensar, vai ver que é um momento grandioso.

– Como assim? Que momento?

– O momento em que o nosso antepassado criou a primeira ferramenta. Foi ali que tudo começou. Tudo aconteceu de forma lenta, mas constante. Nesse momento, mesmo não sendo capaz de reconhecer na hora, ele ou ela...

– *Ela?* É possível que uma mulher tenha criado a primeira ferramenta?

– E por que não? Quais são as evidências de que foi um homem?

– É verdade...

– Os seres humanos, homens e mulheres, abandonaram seu modo de vida original para criar algo novo para si. Talvez esse seja o momento mais decisivo da nossa evolução no planeta.

– Como assim? Explique isso melhor. Por que esse momento foi o mais decisivo?

– Porque foi o momento em que o ser humano criou algo que não existia antes. Qual é a diferença mais básica entre o ser humano e o resto da fauna? Nós somos capazes de criar e destruir. Até a nós mesmos. E, quando o ser humano começou a criar ferramentas, também começou a criar o mundo à sua volta. Nada voltaria a ser como antes, e essa transformação nunca mais pararia. Por milhões de anos a flora e fauna se submeteram às leis da natureza, sem se queixar, adaptadas, até que em dado momento uma forma de vida decidiu romper com as leis da natureza e criar sua própria natureza. E tudo começou com um "crec".

– "Crec"?

– O som feito quando alguém segurou duas pedras e bateu uma na outra. A pedra quebrou e formou uma lâmina. Esse "crec" ecoou pelos séculos seguintes. Foi o som da espécie humana infringindo as leis da natureza. Ninguém imaginava, mas essa lâmina foi uma divisora de águas. Era o início do milagre humano. A partir dali os seres humanos migraram do clima quente da África e se espalharam pelo planeta.

– Foi assim que surgiu a humanidade? Essa é a teoria mais aceita?

– É assim que eu interpreto, e acho que outras pessoas também, a pergunta filosófica sobre quando o ser humano começou sua jornada. Outras interpretações dizem que a civilização surgiu quando um dos nossos antepassados ficou furioso e se expressou com palavras em vez de atirar pedras, ou quando um antepassado foi enterrado com um ritual pela primeira vez. Tudo isso é subjetivo. O importante é que a humanidade criou uma civilização e se diferenciou das outras formas de vida.

– Que legal! A humanidade se espalhou pelo planeta, mas o que aconteceu depois?

– Ela começou a viver, e ainda vive, uma jornada emocionante. Ao longo desse tempo, a única constante foi a mudança, mudança essa que a nossa espécie ainda tanto teme. Mas quem tem um mínimo de conhecimento sobre o ser humano ri da nossa recusa em aceitar que a natureza está sempre evoluindo.

– Posso discordar? A meu ver, o ser humano não muda, nada muda. As coisas são assim mesmo. Faz parte da nossa natureza...

– Que natureza? Não é de sua natureza comer pão, vestir roupas, dirigir um carro, ler, morar num apartamento dezenas de metros acima do solo, controlar a eletricidade, usar elevador. Ou ficar preso em um, como nós estamos agora.

Ele me olhou em silêncio, pensativo.

– Você não acha que existe uma natureza humana?

– Claro que existe, mas é ligada à biologia e à sobrevivência, e precisamos aceitá-la, porque ela é poderosa. Também precisamos aceitar nossa presença no planeta e entender que estamos ligados a ele e aos outros seres que vivem aqui. E isso não é pretexto para ignorar o que nos move: somos nós mesmos que determinamos o nosso comportamento, e não a nossa natureza. Mas a questão não é essa. A questão é que você mesmo suplantou a sua natureza. Você não sabia uma coisa e me perguntou. Agora responda: a quem o ser humano daquela época fazia perguntas? Às plantas? Aos mastodontes? Nossa jornada até aqui foi curta e cheia de aventuras. O planeta tem 4,5 bilhões de anos, e a vida no planeta começou há cerca de 3,5 bilhões de anos, mas o ser humano só tem 3,5 milhões de anos, então dá para ver que aprendemos a falar numa velocidade vertiginosa. Como conseguimos nos adaptar tão rápido? Sorte sua que a arqueologia está aqui para ajudar.

– Então esse é o objetivo da arqueologia?

– Vamos dizer de brincadeira que ela é como uma sessão de psicoterapia coletiva na qual toda a humanidade escava o passado para entender o que nos fez ser a forma de vida mais complexa do Sistema Solar.

– Sim, você tem razão. O ser humano é um bicho estranho. E todos nós precisamos de terapia. Mas me fale mais sobre o homem da Idade da Pedra e sobre a primeira ferramenta que ele criou. O que aconteceu depois?

– Ele adorou a ferramenta. Era útil, tinha muitas finalidades. Aí ele fez outra. E mais outra. Outros se juntaram a ele. Depois alguém pensou em como aprimorar a ferramenta. Assim foram criadas as primeiras ferramentas.

– Mas por que as ferramentas de pedra são tão importantes?

– Porque são os achados mais comuns em sítios arqueológicos do Paleolítico. Machadinhas e outras ferramentas de pedra ou osso.

– Eles não tinham ferramentas de outro material?

– Tinham, sim. De madeira, por exemplo. Mas a madeira apodrece, não tem a durabilidade da pedra. Então, o que descobrimos do primeiro humano pré-histórico é por causa dos poucos vestígios que chegaram a nós.

– E o que o ser humano fez desde que surgiu no mundo?

– Arte, meu amigo! – exclamei e fiquei surpreso com meu entusiasmo repentino. – Arte! Pequenas joias e lindas pinturas rupestres em cavernas. O homem precisa de arte. Essa é uma necessidade que surgiu antes de ele aprender a cultivar o solo e construir casas. O amor pela arte atravessou o tempo e chegou aos dias de hoje. Se você ouvir um *Homo sapiens* dizer que não liga para arte, lembre-se: centenas de milhares de anos atrás, o antepassado dele vestia peles de animais e tinha uma vida parecida com a dos outros bichos, mas sentiu a necessidade de criar arte na caverna. A arte nasceu junto com a espécie humana. Numa época em que ainda não havia aprendido nenhum método básico de sobrevivência, como a agricultura ou a construção de casas, o ser humano aprendeu a fazer arte, para só depois aprender a viver e comer como gente de verdade.

– Até aqui eu entendi. E depois do Paleolítico veio o Mesolítico?

– Isso. Mas lembre-se: fomos nós que demos esses nomes aos períodos. Precisamos enxergar essa mudança de período num sentido figurado. Eles não se juntaram numa caverna, organizaram uma festa, penduraram uma faixa na parede com as palavras "Feliz Mesolítico!" e fizeram contagem regressiva, se abraçando e cantando "Adeus, Paleolítico, feliz Mesolítico!". A transição se deu aos poucos, e nós resumimos esses passos para organizar o caos cronológico da Pré-História.

– E por que vocês precisaram do Mesolítico? Qual a diferença dele para os outros períodos?

– Aos poucos a vida continuou mudando, e o Mesolítico marca o período de transição do Paleolítico para o Neolítico, que foi quando tudo mudou de verdade.

– E como ocorreu essa mudança?

– Foi outro caos. O Neolítico é o período em que ocorre a transição da cultura de caça e coleta para a cultura de pastoreio e agricultura. Em algum momento alguém viu uma fruta cair no solo, e depois de um tempo alguma coisa começou a brotar da terra. Essa pessoa se perguntou: "Será que eu devo enfiar uma fruta na terra? O que vai acontecer se eu fizer isso?" Pouco tempo depois ele viu a primeira muda brotar. Nesse momento o homem aprendeu a cultivar a terra e a não só produzir alimentos como também multiplicá-los. Ele começa a armazenar alimentos para os períodos de escassez ou para quando o tempo está ruim e ele não encontra nada para forrar o estômago.

– Ah, sei bem como eles se sentiam!

– A partir dessa descoberta provavelmente surgiram os conceitos de propriedade e de troca, e junto com a invenção da agricultura vieram outros acontecimentos decisivos. Nossos antepassados pensaram: se a gente usa o campo para se alimentar, por que não tornar toda essa região confortável e ficar por aqui de vez? Para que ficar mudando de um lugar para outro?

– Então tudo mudou no Neolítico?

– Exato! A transição para o Neolítico é o melhor argumento contra as pessoas que não querem qualquer transição para algo novo. Você pode responder que a humanidade viveu milênios como nômade, sem cultivar a terra. Será que a gente deve voltar para as cavernas só porque era como se vivia antes?

– Isso quer dizer que a grande inovação do Neolítico foi a agricultura?

– Não só ela. Ao mesmo tempo aprendemos a domesticar os animais. O gado é forte e ajuda a arar a terra, cavando mais fundo, e com isso as plantas crescem melhor. A cabra dá leite e amamenta as crias. Não podemos beber o que sobra? A ovelha tem muita lã. Não podemos cortar o excesso e aproveitar? Em algum momento um antepassado qualquer, que hoje deveria ser venerado em Paris, Milão ou Nova York, teve a ideia de pegar a lã e fazer roupas com ela. Boas ideias se espalham rápido. Algum forasteiro vindo de longe passou ali perto, viu as pessoas usando roupas de lã e ficou com inveja. Voltou para casa mal-humorado e jogou as roupas de couro fora.

– Ah, mas a lã pinica.

– Verdade, e deve ter pinicado muita gente do Neolítico até alguém prestar atenção no algodão, que é muito mais macio. Mas sejamos realistas e francos: provavelmente várias pessoas tiveram essa ideia ao redor do planeta, talvez em lugares distantes uns dos outros. Foi mais ou menos nessa mesma época que surgiu a cerâmica. O ser humano aprendeu a assar e moldar a terra e produzir vasos. E os vasos de argila são espetaculares! Não se deterioram com o tempo.

– Como assim?

– Cerâmica é argila queimada, fica do jeito que você moldar até o fim dos tempos, e isso é maravilhoso para a ciência. O fato de existirem peças de cerâmica do Neolítico preservadas nos possibilita organizá-las por ordem cronológica e saber quando cada uma foi fabricada, o que é muito útil. Objetos de cerâmica são os achados mais comuns nas escavações, e essa cadeia gigante de evolução da arte em cerâmica nos ajuda a reconhecer a que período pertence o local escavado. Tudo muda no Neolítico. E, quando o modo de vida do Neolítico chega à Grécia, tudo muda de novo.

– Ué, como assim? O Neolítico não começou aqui na Grécia?

– A Grécia não é o primeiro local do planeta a adotar o modo de vida radical do Neolítico. Ele já existia no Oriente Médio desde 10000 a.C. e surgiu perto de 7000 a.C. na Grécia. Durou 4 mil anos aqui. É um período bem longo, e, como eu já falei, não é estagnado, nem homogêneo. Também precisamos subdividir esse período: Neolítico Antigo, Neolítico Médio, Neolítico Tardio e Neolítico Final.

– Nunca vou conseguir memorizar tudo isso.

– Mas nem precisa. Você só precisa saber que o modo de vida do Neolítico se disseminou por toda a Europa Continental e também pelas ilhas. Com a invenção da agricultura, os humanos se tornaram mais capazes de garantir a sobrevivência.

– É por isso que eles veneravam deuses como a Mãe Natureza?

– Nós presumimos que eles veneravam a Terra, e muito provavelmente isso aconteceu, mas não esqueça que estamos na Pré-História e nem sequer sabemos como eles chamavam esses deuses. Mas tudo indica que eram deuses nada benevolentes.

– Por quê?

– Na época a vida era extremamente dura. Por isso, é provável que a psique humana tenha imaginado deuses igualmente duros, severos. O trabalho na agricultura não era nada fácil. O agricultor tinha que trabalhar em campos cobertos por geadas ou debaixo de um sol escaldante, e nem sempre a colheita era suficiente. Isso sem contar que o granizo e as pragas podiam destruir toda a plantação de uma hora para outra. Mesmo após a descoberta da agricultura, durante milênios, quando a colheita não era boa, pessoas morriam de fome. Pela lógica, uma divindade responsável por essas dificuldades podia ser tudo, menos benevolente.

– Mas se os deuses permitiam que a terra fosse semeada e as árvores dessem frutos, então as pessoas tinham motivos para considerá-los benevolentes, não?

– Verdade. De fato, não há por que os deuses não poderem ser as duas coisas. Por um lado, seriam benevolentes quando estavam a favor dos homens. Por outro, seriam maus quando não demonstravam qualquer compaixão.

– É por isso que as pessoas tentavam agradar aos deuses e inventaram rituais de devoção! – exclamou o rapaz, com o dedo erguido como se houvesse tido um grande insight.

– É uma ideia meio simplista, mas está correta. Resumindo, essa foi a "revolução" do Neolítico, que aconteceu de forma bem lenta e pacífica, mas mudou a humanidade para sempre, porque, se essas inovações não tivessem acontecido, você não teria nem farinha, nem pão fresquinho, nem seu creme de avelã preferido no pão fresquinho para acompanhar o café com leite e cereais. Aliás, o leite e os cereais também são "invenções" do Neolítico, assim como a casa onde você toma café da manhã. Como pode ver, o Neolítico é um dos períodos mais importantes da trajetória humana, talvez *o mais importante*.

– Sabe de uma coisa? A Pré-História parece ser importante e bem interessante, mas no geral continua sendo um grande ponto de interrogação. Vocês, arqueólogos, têm muitas lacunas nessa história. Tudo que vocês dizem sempre vêm com um "talvez" ou "possivelmente".

– Verdade, os assentamentos da Pré-História são raros e difíceis de analisar. Tente calcular quantos anos de História estão nas camadas arqueológicas. Um assentamento pré-histórico no que hoje é a Grécia, por exemplo, pode ter vestígios de diversos povos: gregos, romanos, bizantinos, venezianos, turcos. Ali eles travaram batalhas, construíram vilarejos e cidades, araram os campos durante milênios. E, durante todo esse tempo, tudo que eles encontravam da Antiguidade era jogado fora ou destruído. Mas, com persistência e paciência, os arqueólogos continuam encontrando objetos e locais que nos dão novas pistas de como era a vida no Neolítico.

– Na Grécia existem sítios arqueológicos do Neolítico abertos para visitação?

– Muitos, mas eles não têm muitas construções preservadas ou o brilho dos sítios arqueológicos do Período Clássico. Dois bons exemplos são os sítios de Sesklo e Dimini, na região da Tessália, mas tem um lugar melhor ainda: a caverna Franchthi, no Peloponeso. Não é a única caverna do tipo, mas é uma evidência incrível.

Pego o celular, busco o nome no Google e mostro uma foto do lugar. Ele não parece impressionado. Compreensível, porque a caverna não tem estalagmites ou estalactites, é só um buraco numa rocha.

– A caverna é só isso?

– Essa caverna é um dos casos raros em que nós tivemos sorte, porque foi habitada no Paleolítico, no Mesolítico e no Neolítico! Nada melhor para comparar as diferenças e a evolução. No Paleolítico foi habitada por caçadores e coletores que trabalhavam com ferramentas de pedra. No Mesolítico a mudança aparece lentamente. Os habitantes da caverna começam a sepultar os mortos, fazem viagens marítimas longas e aprendem a pescar grandes quantidades. No Neolítico, eles se espalham pelos arredores da caverna, onde erguem casebres de pedra, pescam, cultivam a terra e criam objetos de cerâmica e belos ídolos de argila. Isso durou até o fim do Neolítico, quando aprendemos a utilizar metais e a sociedade sofreu outra transformação radical.

– Quanto tempo durou o Neolítico?

– Na Grécia, de 7000 a.C. até cerca de 3000 a.C., quando civilizações mais desenvolvidas começam a habitar a região do mar Egeu. Em algum momento perto de 3000 a.C. a Idade da Pedra teve fim, junto com suas três subdivisões, e entramos na Idade do Bronze.

– Com mais três subdivisões?

– Correto! Como eu ia dizendo, a Idade do Bronze…

– Calma, não precisa correr! E antes de continuar me responda uma coisa: o que exatamente é a arqueologia?

# FAQ: O QUE É A ARQUEOLOGIA?

– O que você, que não é arqueólogo, acha que é a arqueologia?

– É a ciência que estuda o passado.

– Certo, mas ela não é a única a fazer isso. Outras ciências estudam o passado, e a mais famosa delas é a história. A sua definição não explica exatamente o que é a arqueologia.

– Certo, então podemos dizer que a arqueologia é a ciência da escavação das relíquias do passado?

– Também não, porque a arqueologia não se limita às escavações. Eu arriscaria dizer que a arqueologia é o estudo do passado humano com base nos materiais encontrados.

– Como assim, "arriscaria dizer"? Você é arqueólogo! Vocês mesmos não sabem definir sua própria ciência?

– A arqueologia já teve muitas definições, mas a maioria dos arqueólogos não se satisfaz com nenhuma. Sempre falta alguma coisa nas definições. Além do mais, a arqueologia sempre sofreu de uma espécie de complexo de inferioridade, por ter que pedir ideias e teorias emprestadas de outras áreas: da sociologia, da filosofia, da história e até da geologia. Ela sempre teve dificuldade para se definir, a ponto de fazer com que David Clarke, um grande teórico da arqueologia, exclamasse frustrado: "A arqueologia é arqueologia é arqueologia!" Como se dissesse: "Eu sou quem sou, e quem gostar gostou!" Só para concluir, a definição da arqueologia como uma ciência que estuda o passado humano com base nos materiais encontrados é uma espécie de meio-termo.

– Ok, vamos deixar as definições de lado. Você pode pelo menos me explicar como a ciência da arqueologia se desenvolveu?

– Vou explicar com uma analogia. Imagine que todas as ciências frequentem o mesmo café. Os clientes mais antigos já vão lá há muitos anos. A arqueologia é uma ciência jovem, ingênua. Quando ela abre a porta um sino toca, anunciando sua chegada. As outras ciências estão sentadas a mesas espaçosas com toalhas bordadas, tomando café e comendo doces. Usam roupas suntuosas e chapéus enfeitados. Elas viram a cabeça para ver a nova frequentadora. Mesmo hesitante, a arqueologia dá um passo à frente e entra na hora do chá das grandes ciências.

"Todas as outras ciências já se conhecem. Conversam entre si e influenciam umas às outras. Um belo dia, a geologia enfia a mão na bolsa e tira algo para mostrar às amigas. É uma pedra, mas não uma pedra qualquer. Tem um lado afiado, como se alguém tivesse lascado a pedra para dar a ela um formato de faca ou lâmina. 'Vejam só o que eu encontrei', diz a geologia, pensativa. Nessa hora a teologia bufa e, num tom depreciativo, diz: 'Você nitidamente não faz a mínima ideia do que é isso. Sorte sua que eu sei! É um resto dos trovões que Deus atirou na Terra no início dos tempos, para punir os pecadores.' A teologia costuma tirar respostas da própria cabeça, sem se preocupar em fornecer evidências. As outras ciências não sabem o que é aquele objeto e resolvem ficar quietas. Mas refletem sobre a pedra."

– E o que isso quer dizer? – perguntou perplexo meu companheiro de elevador.

– Quando as primeiras ferramentas de pedra do Paleolítico foram encontradas, a única explicação "lógica" era que se tratava de restos dos trovões ou das pontas das lanças usadas pelos anjos que Deus havia enviado à Terra. Na época, ninguém imaginava que a humanidade já habitava o planeta há muitos milênios e que esses objetos eram as primeiras ferramentas criadas pelos humanos. Ninguém fazia ideia de que aquelas ferramentas teriam "moldado" a humanidade.

– E como acaba a história da ferramenta no café?

– A geologia não se deixou convencer pela teologia. Guardou

a pedra e ficou pensando. Antes disso, tinha reparado que a Terra tem camadas, como os andares de um bolo, criadas ao longo de milênios. Para onde quer que olhasse encontrava provas de que sua constatação estava correta. A arqueologia se sentou ao lado da geologia para escutar e aprender mais. Ficou curiosa com a ideia das camadas. Pouco tempo depois, a geologia encontrou evidências de que essa pedra na verdade é uma ferramenta de origem humana e é muito antiga. A primeira a ficar sabendo é a sua nova amiga, a arqueologia. O tempo passa, o café muda de dono, e as grandes mesas redondas saem de moda. São substituídas por bancadas modernas, decoração sofisticada e equipamentos tecnológicos de ponta. As ciências exatas ganham destaque. Mas a obstinada arqueologia continua lá, firme e forte. Faz amizade com ciências importantes e quando precisa de alguma coisa pergunta a elas. A arqueologia é muito querida e passa a ser chamada cada vez mais de arqueometria. Depois de encontrar seu lugar no meio do caminho entre as ciências humanas e as exatas, a arqueologia decide viajar. Começa na Europa, pelas grandes civilizações do Mediterrâneo, mas em pouco tempo percebe que pode percorrer o planeta inteiro, qualquer lugar já habitado pelo ser humano.

– Veja só! Então a arqueologia não surge na Grécia?

– Claro que não!

– Mas a Grécia Antiga não é o centro da arqueologia?

– Quem se interessa pela arqueologia grega ou clássica se concentra no território grego e na região do Mediterrâneo Oriental, por onde a antiga civilização grega se difundiu. Mas sempre é bom lembrar que arqueologia não é sinônimo de Grécia Antiga ou de Antiguidade.

– Pode me explicar melhor?

– A arqueologia está em todos os lugares já habitados pelo ser humano. E o ser humano povoou todo o nosso planeta há muitos milênios. Por exemplo, na África Subsaariana, onde construiu o

Grande Zimbábue; nas dunas do Egito, onde construiu as Pirâmides; nas ilhas britânicas, onde até hoje existem imponentes estruturas de pedra; na Índia, onde criamos as primeiras estruturas urbanas do planeta à margem de rios; nas estepes russas, onde vivia o povo cita; no México, onde os maias construíram estruturas gigantescas no meio da selva; nas ilhotas isoladas do Pacífico, onde corajosos pioneiros polinésios construíram totens. Como você pode ver, a arqueologia está em toda parte.

– Adorei descobrir que a arqueologia permite que você faça uma viagem pelo mundo dentro da sua mente!

– Então vou lhe dar outra definição de arqueologia: a arqueologia é o parque de diversões da imaginação humana.

– Todas essas civilizações que você mencionou são antigas? Elas existiram ao mesmo tempo?

– Algumas sim, outras não. As primeiras civilizações urbanas surgiram na Mesopotâmia, no Egito e no vale do Indo. Conheciam a escrita, a arquitetura e outras tecnologias desde cerca de 3000 a.C.

– O que estava acontecendo na Grécia nessa época?

– Ela estava deixando o Neolítico e entrando na Idade do Bronze.

– Então me fale sobre a Idade do Bronze.

# 2

## CIVILIZAÇÃO CICLÁDICA

– Mais ou menos em 3000 a.C. começa a Idade do Bronze.

– O bronze foi descoberto nessa época?

– Não, o bronze e outros metais já tinham sido descobertos. O ouro também, e já na época fazia sucesso por sua beleza e seu brilho. Nos primórdios da arqueologia, quando nossos métodos de investigação eram bem mais rudimentares, os cientistas observaram que o bronze era muito utilizado, ou, para ser mais exato, o cobre e suas ligas, sendo o bronze uma combinação entre cobre e estanho. Daí a ciência chamou esse período de Idade do Bronze.

– Mas, se esse nome não é o mais exato, por que vocês não mudam?

– Boa pergunta. Não é fácil mudar. Aprendemos esse termo durante os estudos e nos acostumamos a ele. Além do mais, imagine mudar um termo científico no mundo todo. Todos teriam que entrar num acordo sobre como chamar o período. E no fundo mudar o nome não adianta de nada. A questão é outra.

– Quanto tempo durou a Idade do Bronze?

– O território grego viveu a Idade do Bronze de 3000 a.C. até 1050 a.C. Na Europa Central a Idade do Bronze foi de 2200 a.C. até 800 a.C. A ciência divide essa época em três períodos.

– Os nomes são parecidos com os das subdivisões da Idade da Pedra?

– Não. São Idade do Bronze Antigo, Idade do Bronze Médio e Idade do Bronze Recente.

– Vocês são malucos!

– Talvez, mas essas foram as convenções. E distinguimos os três momentos de acordo com localizações geográficas: Cíclades, Creta e Grécia Continental.

– E por que essa subdivisão geográfica?

– Porque essas três regiões viveram um desenvolvimento cultural muito diferente um do outro. Enquanto em outros lugares surgiram civilizações urbanas enormes, no mar Egeu elas surgiram pouco a pouco, cada uma com a sua cultura identitária. A Idade do Bronze foi muito fértil no território grego. Teve não um, mas três grandes acontecimentos. É a época das grandes civilizações pré-históricas. Cronologicamente, a primeira foi a cicládica (nas ilhas Cíclades), depois veio a minoica (em Creta) e, por último, a micênica, ou heládica (na Grécia Continental).

– Minha cabeça está rodando.

– É simples: temos três períodos cronológicos e três subdivisões da Idade do Bronze. Tudo bem até aqui?

– Tudo.

– Ótimo. Vamos começar pelo período mais antigo, a Idade do Bronze Antigo, que foi de 3000 a.C. a 1900 a.C. Nas ilhas Cíclades, esse período é chamado de Cicládico Antigo. Em Creta, é Minoico Antigo. E, na Grécia Continental, é Heládico Antigo.

– Então tudo aconteceu ao mesmo tempo em todos os lugares.

– Exato. Desses três que eu citei, o Cicládico Antigo é considerado o "vencedor do primeiro show de talentos", porque foi nas ilhas Cíclades que a cultura cicládica floresceu.

– Deixe-me ver se entendi: então a civilização cicládica também pode ser chamada de Período Cicládico Antigo?

– Resumindo, sim. A civilização cicládica atingiu o auge durante o Cicládico Antigo. Na Idade do Bronze Médio, que vai de

1900 a.C. a 1600 a.C., temos os períodos Cicládico Médio, Minoico Médio e Heládico Médio, e aqui a civilização minoica se destaca. Por fim, na Idade do Bronze Recente, que vai de 1600 a.C. a 1100 a.C., temos...

– Vou adivinhar! Temos os períodos Cicládico Recente, Minoico Recente e Heládico Recente.

– Isso mesmo! Também acontecem ao mesmo tempo, cada um em um lugar. É o momento em que a Grécia Continental recebe os louros com a cultura heládica.

– Sofri, mas entendi. Agora me fale sobre os três.

– Ok. Primeiro as Cíclades.

– Desculpe interromper, mas Cíclades é um nome estranho, não acha?

– Pode ser, mas a origem do nome é maravilhosa! Zeus era o rei dos deuses e estava apaixonado por Leto, filha do titã Céos e da titânide Febe, que simbolizavam a inteligência e a profecia, ou seja, a totalidade dos conhecimentos do Universo. Leto engravidou de gêmeos. A deusa Hera, esposa de Zeus, sabia que o menino nascido dessa união viraria o mundo de cabeça para baixo e proibiu que Leto desse à luz em terra firme. Leto vagou pelo mar Egeu, morrendo de dores das contrações e ofegante. Foi quando um rochedo ínfimo e inexpressivo se compadeceu dela e disse: "Minha Leto, eu conheci o desprezo do mundo, todos me julgam inútil. Venha aqui e tenha seus filhos sobre mim. Não tenho medo de Hera!" Leto agradeceu e garantiu ao rochedo que seria imediatamente recompensado pela demonstração de piedade, deixando de ser um lugar desconhecido e inexpressivo. Assim surgiu Delos. Leto se agarrou a uma palmeira na ilha e primeiro pariu Ártemis, a menina. Depois, pariu seu filho menino. As outras deusas correram para envolver o pequeno Apolo em tecidos. Alimentado com néctar dos deuses e ambrosia, ele pegou uma espada dourada, cortou as faixas, se levantou e se tornou adulto imediatamente. Seu corpo brilhou e todo o mar Egeu se iluminou. Um bando de cisnes vindos da distante Hiperbórea, uma terra mítica paradisíaca, deu sete voltas ao redor da palmeira sagrada, e todos os deuses do Olimpo foram admirar o jovem deus da luz. O rochedo tomou lugar no centro do mar Egeu. As outras ilhas foram honrar o rochedo que havia produzido a luz divina. Fizeram um círculo à sua volta e se tornaram as Cíclades. A palavra ciclo em grego é *kýklos*, por isso as ilhas têm o nome de Cíclades. São as ilhas reunidas em círculo.

– Que história maravilhosa! Então Delos sempre foi uma ilha sagrada?

– Não foi isso que eu disse. Não sabemos se Delos era uma ilha sagrada na Pré-História. Esse mito foi criado pela imaginação poética dos gregos antigos, muitos séculos depois. Também não sabemos se essas ilhas se chamavam Cíclades na época ou se tinham outro nome. O que nos interessa é o que aconteceu lá na Pré-História.

– E o que aconteceu no mar Egeu para marcar a transição do Neolítico para a Idade do Bronze e fazer as Cíclades se tornarem o centro da civilização?

– Não parece ter havido nenhum acontecimento grandioso ou memorável, nada de invasões, conflitos ou grandes tumultos na região. O desenvolvimento cultural foi pacífico e contínuo.

– Então por que a civilização cicládica é considerada a primeira "grande" civilização da Pré-História grega?

– Os arqueólogos simplesmente concordam que houve essa transição. Quando uma sociedade sai da vida agropastoril e começa a se diferenciar das outras, ela é considerada uma "civilização". Em 3000 a.C., os habitantes das Cíclades começaram a desenvolver uma civilização com muitas características específicas. Tinham um senso artístico refinado e nos deixaram belíssimos ídolos de mármore cicládico, que reluz como se tivesse sido banhado pela luz de Apolo. O mar Egeu era uma estrada infinita que levava a novas possibilidades. Você só precisava de um barco, coragem para encarar o mar aberto, determinação, visão e aquele ímpeto que nos impulsiona a explorar o novo. As Cíclades são como edifícios de luxo no mar Egeu, e o mar Egeu é como uma estrada infinita e perfeita para essas empreitadas. Nessa época cresce o uso de metais, em especial o cobre. O mesmo acontece no restante do território grego.

– E qual a importância disso?

– Passamos a ter armas e ferramentas melhores. O cenário muda completamente. As ilhas são povoadas por assentamentos que desfrutam dessa região acolhedora. Eles cultivam o solo, fazem comércio, trocam ideias, se comunicam e viajam. Mas o elemento fundamental dessa civilização que ainda nos impressiona são os ídolos que eles construíram.

– São as primeiras imagens humanas?

– Desde o Neolítico a humanidade já fabricava ídolos de argila ou pedra, tanto de formas humanas quanto de animais, e é maravilhoso ver a dedicação dos povos antigos para representar os corpos. Mas os habitantes das Cíclades chegaram ao ponto de criar escolas de arte, onde fabricavam ídolos humanos de todos os tamanhos, em geral mulheres, mas também homens e, pasme, até músicos. É por isso que a civilização cicládica é considerada tão relevante.

– E por que esses ídolos indicam a existência de uma civilização?

– Quando um povo chega ao ponto de criar arte de alta qualidade, é porque deixou de se preocupar apenas com a sobrevivência e passou a usar a mente para alcançar objetivos mais nobres.

– Os ídolos brancos ofuscantes que eles criaram são realmente lindos.

– E eles nem eram brancos originalmente! Foram pintados, mas as cores desbotaram ao longo dos séculos.

– E como vocês sabem que eram pintados?

– As tintas da época deixaram vestígios, que a arqueometria é capaz de identificar com uma análise especial. Hoje em dia esses ídolos são tão admirados que influenciaram a arte moderna, mas ao mesmo tempo estimularam escavações ilegais desastrosas, que causaram um grande estrago. Tudo para tentar encontrar as imagens e vendê-las ilegalmente para colecionadores de arte do mundo todo.

– Nossa! Que catástrofe.

– É uma perda imensurável e irreparável. A maioria dos ídolos que vemos nos museus espalhados pelo mundo é de origem desconhecida. Isso de fato é uma catástrofe porque não temos como descobrir informações fundamentais que descobrimos quando eles vêm de uma escavação documentada. Saberíamos essas informações se soubéssemos onde e como foram encontrados.

– Parece que vocês não sabem muito sobre a civilização cicládica…

– Verdade. Sabemos que as pessoas viviam em pequenos povoados e tinham uma arte sofisticada, o que fica evidente pela cultura popular da época que chegou a nós: os lindos vasos e ídolos de argila ou mármore. Sabemos um pouco mais sobre os costumes funerários dos cicládicos.

– Por quê?

– Em geral é muito mais "fácil" encontrar locais de sepultamento intactos, porque eles ficaram escondidos debaixo da terra. Os assentamentos são habitados pelos vivos e costumam desaparecer quando as pessoas desocupam o lugar. A maior parte das ilhas Cíclades é de difícil acesso, os vestígios desse longo período são escassos e em grande parte foram destruídos ao longo dos séculos seguintes. Mas continuamos investigando.

– Então vamos descobrir mais no futuro?

– Com certeza. Nos últimos anos fizemos descobertas. A arqueologia é uma ciência surpreendente e imprevisível, e recentemente fizemos uma grande descoberta sobre a civilização cicládica de 3000 a.C. Existe uma ilha inabitada há séculos chamada Keros. Fica ao sul de Naxos e perto de Koufonisia. Nessa ilha, contrabandistas de antiguidades encontraram um grande número de ídolos, os quais foram parar em coleções no exterior. O curioso é que todos os ídolos estavam quebrados! De início, os arqueólogos acharam que os contrabandistas provavelmente haviam quebrado os ídolos de propósito, para ter mais peças para vender.

– E foi isso mesmo que aconteceu?

– As escavações mostraram que os ídolos já estavam quebrados desde o período pré-histórico. A quantidade de ídolos de mármore quebrados que encontramos na ínfima ilha de Keros foi tão grande que temos mais ídolos dali do que de todas as outras ilhas cicládicas somadas! Ao que tudo indica, os habitantes das Cíclades iam a Keros para destruir os ídolos de mármore que eles mesmos haviam fabricado com tanta dedicação.

– Que enigmático!

– Calma, porque tem mais. Ao lado de Keros está Daskalio, uma ilhota rochosa em formato de pirâmide. Nos tempos pré--históricos ela era conectada a Keros, formando uma península. As escavações arqueológicas mostraram que Daskalio tinha esse formato porque era uma cidade toda criada com centenas de toneladas de mármore branco vindas de outros lugares, com edificações imponentes que cintilavam à luz azulada do mar Egeu. Ou seja, era uma cidade de mármore, e o topo dela provavelmente era o local mais sagrado da ilha. Talvez de todo o mar Egeu.

– Como uma Delos pré-histórica?

– Gostei da sua analogia. Pelo menos por enquanto não há como comprovar, mas é um conceito interessante. Está muito claro que Keros e Daskalio eram importantes, e os arqueólogos têm pesquisado sobre isso. Mas vamos prosseguir: em dado momento, um gigante decidiu se erguer entre as pequenas ilhas do mar Egeu. Era Creta, a maior ilha da região, assumindo o protagonismo.

– Está falando da Creta minoica?

– Sim.

– Se não me engano, ela foi escavada pelo arqueólogo britânico Arthur Evans!

– Sim, ele ficou famoso por isso.

– Evans foi o primeiro arqueólogo?

– Não. Por que teria sido?

– Hum, pensei que talvez fosse. Quem foi o primeiro arqueólogo, então?

Respirei fundo e decidi falar um pouco sobre a história da nossa ciência.

## FAQ: QUEM FOI O PRIMEIRO ARQUEÓLOGO?

– Não existe um primeiro arqueólogo propriamente dito, porque a arqueologia evoluiu aos poucos. Ela surgiu como amor pela Antiguidade. Assim como acontece atualmente, existiam pessoas fascinadas pelo passado. Algumas delas tomaram iniciativas que colocaram a arqueologia no caminho que lhe permite ser chamada de ciência hoje.

– Como elas fizeram isso? Quero nomes!

– Vamos voltar no tempo para aproximadamente o ano de 1400, até a cidadezinha italiana de Ancona, e entrar na casa da família de um comerciante que tinha um filho, Ciríaco. Ciríaco de Pizzicolli era uma dessas pessoas fascinadas pela Antiguidade. Saiu de casa para rodar o mundo e encontrar relíquias em plena

Idade Média, uma época na qual ninguém cogitava fazer algo parecido. Ficou conhecido como Ciríaco de Ancona. Em latim, se chamava Cyriacus Anconitanus.

– De onde vem o nome Ancona?

– Da palavra grega *ankónas*, que significa cotovelo. A baía do porto da cidade tem um promontório que lembra um cotovelo e protegia as embarcações. Ciríaco costumava passear pela vizinhança e por regiões próximas e sempre se deparava com inúmeras antiguidades casualmente expostas ao sol, esquecidas. Morria de vontade de saber como eram esses lugares no passado, o que tinha acontecido por lá. Acima de tudo, queria achar antiguidades. Por isso, saiu de casa, percorreu toda a região do Mediterrâneo, estudou e registrou tudo que viu em seu diário. Escreveu seis volumes. Descobriu muitos sítios arqueológicos e monumentos antigos. Plantou a semente da arqueologia e nos deixou um presente: inúmeros esboços e anotações. Não sabemos o paradeiro de muitas relíquias que Ciríaco encontrou na época, mas graças a ele temos uma ideia de como elas eram antes de serem destruídas. Muitos o chamam de pai da arqueologia.

– Entendi. Então não houve um primeiro arqueólogo, mas existe um primeiro sítio arqueológico?

– Ah, isso existe! – Ele ficou perplexo, não esperava essa resposta. – O primeiro sítio importante foi descoberto muitos anos depois, por acaso. Fica nas cidades construídas ao pé do monte Vesúvio, perto de Nápoles, na região italiana da Campânia. Os mais importantes são Herculano e Pompeia. Você deve conhecer a história. Cidadezinhas tranquilas, com oficinas, casas elegantes, banhos, tavernas, além do anfiteatro e do Odeon para entretenimento. Até que um dia, no ano 79, o vulcão Vesúvio entrou em erupção de repente, e os moradores das cidades, pobres ou ricos, morreram todos juntos ao longo de poucas horas, soterrados por uma camada espessa de cinzas vulcânicas que manteve toda a região intocada por séculos. Até que, em meados do século XVIII, um florista que cultivava plantas ali perto pediu que seus três filhos cavassem o poço de casa um pouco mais fundo. Ali encontraram as primeiras antiguidades. Os nobres da região ficaram sabendo. Estátuas e tesouros da Antiguidade foram desenterrados. A essa altura a Renascença já havia ocorrido, por isso as pessoas eram um pouco mais esclarecidas, de forma que os achados foram muito valorizados. E foi assim que as pessoas começaram a se interessar pelo que havia acontecido no passado.

– Eu já vi arqueólogos usando uma escovinha para escavar com todo o cuidado. Como essas cidades foram escavadas? Na época já se sabia que a escavação devia ser feita com cuidado e método, prestando atenção em cada detalhe?

– Não. Eles escavavam sem conhecimento algum, quase como bárbaros. Nunca tinham feito escavações de forma sistemática, seguindo critérios científicos.

– E quando a arqueologia começou a escavar de forma mais… científica?

– Boa pergunta. Foi pouco depois da descoberta de Pompeia e Herculano. Temos um exemplo do fim do século XVIII nos Estados Unidos, que na época havia acabado de nascer. Ali acontece uma das primeiras escavações que podem ser, de fato, denominadas científicas. Foi feita por ninguém menos que Thomas Jefferson, terceiro presidente americano!

– Como isso é possível? Os Estados Unidos não tinham antiguidades do Período Clássico.

– Verdade. Mas uma coisa é a arqueologia, outra é a arqueologia clássica. A arqueologia existe em todos os lugares onde há um assentamento humano.

– Mas nós estávamos falando da Grécia Antiga.

– Sim, mas, agora que estamos falando da história da ciência arqueológica, precisamos fazer um pequeno desvio para você entender que a arqueologia existe no mundo todo. Depois podemos falar especificamente da Grécia Antiga. Vamos lá: Thomas Jefferson era dono de terras, e nessas terras havia túmulos, quer dizer, montículos artificiais com muitos túmulos debaixo da terra. Até então o homem branco que chegava aos Estados Unidos cheio de sonhos nem sonhava que as tribos indígenas de lá construíam túmulos elaborados, achavam que os túmulos eram obra de um povo antepassado desconhecido que teria desaparecido antes da chegada dos indígenas. Thomas Jefferson foi o primeiro que ousou fazer uma pergunta científica importante: "Vamos analisar o que encontramos?" Ele escavou os montículos em suas terras. Encontrou pelo menos mil túmulos contendo relíquias das civilizações indígenas. Foi mais ou menos nessa época, na segunda metade do século XVIII, que um alemão chamado Johann Joachim Winckelmann...

– Como você consegue lembrar um nome desses?

– Não é um bom nome para fazer carreira no show business, mas Winckelmann tinha alma de viajante e foi parar na Itália, onde viu os acervos crescendo lentamente à medida que estátuas antigas eram desenterradas. Winckelmann era apaixonado pela arte antiga, tanto grega quanto romana. Estabeleceu as bases para o estudo da arte clássica, e por isso alguns também o consideram o pai da arqueologia. Pelo menos da arqueologia clássica.

– E a Pré-História? É órfã?

– Que nada! Existiu um dinamarquês que fez inúmeras escavações e encontrou muitas relíquias no norte da Europa. O nome dele era Christian Jürgensen Thomsen...

– Outro nome esquisito. E o que ele fez?

– O norte da Europa é um lugar frio e chuvoso, então não fazia sentido procurar estátuas imponentes e reluzentes e templos antigos, e para piorar ele não contava com fontes escritas para se orientar na pesquisa sobre o passado da região. Por isso, decidiu focar os estudos no passado distante e desconhecido da humanidade. Os textos históricos são muito úteis e importantes, mas o que fazer se você não dispõe de nenhuma fonte? Desiste? Thomsen acendeu a primeira chama que iluminou a escuridão profunda da Pré-História, deu o pontapé inicial para o homem estudar seu passado. Foi ele quem dividiu a Pré-História em três partes: Idade da Pedra, Idade do Bronze e Idade do Ferro. Muitos também o consideraram...

– Deixe-me adivinhar: o pai da arqueologia.

– Isso mesmo. E depois veio um francês, Jacques Boucher de Crèvecœur de Perthes...

– Cada um com um nome mais esquisito que o outro! Não tem ninguém com um nome mais fácil de lembrar, como Cher, Sting, Moisés, Zorro?

– Posso continuar?

– Sim.

– Ele encontrou esqueletos humanos e ferramentas de pedra no norte da Europa, junto com ossos de elefantes e hipopótamos desaparecidos há milênios. Tomou coragem e disse: "Ei, estão vendo isso aqui? Será que pessoas habitaram essa região muito antes do que imaginávamos?" Foram perguntas ousadas, que sacudiram a base das narrativas bíblicas. Ele não foi chamado de pai, mas deu uma contribuição imensa para a arqueologia.

– Que bom que não foi chamado de pai. Vocês já têm pais demais.

– Não importa quem é o pai, porque todos eles, juntos, lançaram a pedra fundamental da arqueologia.

– E a pobre ciência da arqueologia não tem mãe?

– A arqueologia surgiu num mundo dominado por homens. Mais tarde, quando mulheres começaram a lutar para ocupar seu lugar na ciência, algumas se tornaram mundialmente famosas. Na Grécia, por exemplo, a primeira mulher a comandar uma escavação foi uma americana, Harriet Boyd-Hawes, em Creta, antes da Segunda Guerra Mundial.

– Ela foi a primeira arqueóloga?

– De forma alguma! Só foi a primeira a liderar uma escavação própria na Grécia. Até então, diziam que o lugar das mulheres era na biblioteca, na esfera acadêmica e, claro, nos bastidores. Quando não tinha jeito, elas auxiliavam nas escavações, também em segundo plano. Um exemplo conhecido é o de Mary Ross Ellingson, que trabalhou na antiga Olinto também antes da Segunda Guerra Mundial e encontrou uma quantidade enorme de relíquias, mas o chefe da escavação divulgou as descobertas como sendo dele! Isso só foi descoberto muito tempo depois. Mas felizmente o sexismo perdeu muita força dentro da ciência.

– Só perdeu muita força? Não foi erradicado?

– Assim como acontece na sociedade como um todo, o sexismo ainda existe na ciência e se manifesta de muitas formas, além das mais óbvias. Mas vamos seguir em frente, porque você pediu que eu falasse da Grécia Clássica e nós nem terminamos a Pré-História.

– Verdade. Agora vamos para onde?

– Para a Creta minoica.

# 3

## CIVILIZAÇÃO MINOICA

– A grande dama da Pré-História grega sobe ao palco em cerca de 2000 a.C. A Creta minoica foi o grande nome da época. Gravou um disco intitulado Festo e alcançou o topo das paradas. Até hoje não entendemos as letras das músicas, mas em algum momento vamos conseguir. Apesar de todo o sucesso, o álbum de Creta não ganhou disco de platina. Na verdade, o disco é pequeno e feito de argila e estava jogado no canto de um porão no palácio de Festo. Ainda não conseguimos decifrar os símbolos gravados nele.

– Li em algum lugar que alguém conseguiu ler.

– Não é verdade.

– Como pode ter tanta certeza? E se o cara tiver razão? Na sua opinião, o que é o disco de Festo?

– Não vou dar minha opinião, mas vou dizer por que a minha opinião, ou a de qualquer outra pessoa, é irrelevante. Não basta afirmar que decifrou o disco, é preciso comprovar. Nunca encontramos nenhuma outra escrita parecida com a que está no disco de Festo, e a amostra presente no disco é tão pequena que não nos permite chegar a uma conclusão. Não temos como testar se a hipótese de qualquer pesquisador procede. Só nos resta ter esperança de um dia acharmos outros objetos com essa mesma escrita. Até lá, qualquer um pode dar opinião, mas vai precisar comprová--la. Do contrário, a comunidade científica não vai aceitar.

– Mas por que funciona assim? Por que a visão desse sujeito não vale?

– Porque é assim que as ciências funcionam. Sempre vai haver um cientista com uma opinião divergente. Ele precisa publicar os resultados de sua pesquisa para que eles sejam revisados pelos demais especialistas. Se os resultados forem considerados convincentes e aceitáveis pela maioria, vamos em frente! Mas, se uma pessoa chega e diz que "decifrou" o disco, está só apresentando uma hipótese, isso não passa de um argumento sem fundamentos. O impressionante é o fato de que o disco é "impresso", ou seja, cada símbolo foi feito com carimbos pressionados na argila. Exatamente como a tipografia funcionaria muitos séculos depois.

– E por que a comunidade científica não aceitou nenhuma interpretação do disco até hoje?

– Porque não existem outros objetos com os quais possamos comparar o disco de Festo para validar uma possível interpretação. O disco é muito pequeno, e a "amostra de texto", menor ainda. Por isso nenhuma interpretação foi validada.

– Fora o disco de Festo, o que mais aconteceu em Creta?

– O solo mágico de Creta é muito rico em nutrientes, tudo que você planta cresce. Ou seja, Creta era uma ilha autossuficiente. Havia aprendido a dominar os mares, e suas embarcações atravessavam o Mediterrâneo Oriental.

– Eram barcos de pesca?

– Não, era uma frota mesmo. O povo minoico dominou o mar Egeu. Eles viram como as civilizações mais a leste, no Oriente Médio, estavam se desenvolvendo. Palácios, grandes culturas, desenvolvimento, arte. Não sabemos como os minoicos se denominavam, mas sabemos que os egípcios os chamavam de *caftor*.

– Mesmo tão longe, Creta mantinha contato com o Egito?

– Sim, e era uma relação multifacetada: faziam escambo, comércio, e até arranjavam casamentos!

– Casamentos?! Você não falou isso por acaso!

– Pois é. – Dei uma risada. – Eu volto a esse assunto daqui a pouco. Seja como for, a Creta minoica se inspirou no que acontecia ao seu redor, mas seguiu um caminho próprio no seu estilo mediterrâneo: com elegância, requinte, boa comida e amor à natureza. Os cretenses construíram palácios gigantescos. Por volta de 2000 a.C., no Período Protopalaciano, surgiram os primeiros palácios. Menos de trezentos anos depois, no Período Neopalaciano, construíram palácios ainda maiores e mais gloriosos em Cnossos, Festo, Mália, Zacro...

– Por que o palácio de Cnossos se tornou mais famoso que os outros?

– Cnossos foi o primeiro e maior dos muitos palácios minoicos. Era incomparável em dimensão, luxo e imponência. Tinha escadas monumentais, praças, depósitos enormes, salões de eventos, banhos, ruas pavimentadas, sistema de abastecimento de água, sistema de esgoto e até caldeiras.

– Não faltava nada.

– Faltava, sim! E era uma falta flagrante, que torna a civilização minoica ainda mais impressionante. Eles não tinham muralhas em volta dos palácios.

– O que isso significa?

– Que o poder central era tão forte e eficaz, e o sistema político e cultural, tão estável, que não havia ameaça, por isso não havia necessidade de construir defesas. Os minoicos não precisavam erguer muralhas para se proteger. E, num mundo tão próspero, o que vai florescer?

– Minha vontade é responder flores, mas se fizer isso você vai me repreender de novo. Se eles eram tão despreocupados, devem ter aproveitado a vida ao máximo.

– Não sei se tudo eram sempre flores, mas eles tinham uma cultura marcante. Em primeiro lugar, gostavam de esportes. Eles se inspiraram nos povos do Oriente Médio e criaram suas modalidades próprias: a taurocatapsia e outros tipos de acrobacias.

– O que é taurocatapsia?

– Uma espécie de tourada muito popular na época. Basicamente levavam os touros para as praças e tentavam dar um salto por cima dos chifres ou das costas do animal e pousar do jeito mais acrobático possível. As artes também floresceram maravilhosamente. Os cretenses criavam obras enormes, monumentais, mas ao mesmo tempo faziam objetos pequenos, elaborados e detalhados. Certas joias eram tão pequenas que você se pergunta como o artista conseguiu entalhar os detalhes. Além das joias, os cretenses pintavam murais tão vívidos e belos que você olha e acha que foram feitos ontem.

– Eu me lembro desses murais. São impressionantes mesmo.

– Agora vamos voltar aos noivados e casamentos entre a realeza de Cnossos e os faraós do Egito. Existe um palácio egípcio, no sítio arqueológico Tell el-Dab'a, onde foram encontrados murais minoicos.

– São minoicos mesmo?

– São tão semelhantes aos minoicos que ou foram pintados por minoicos, ou por artistas que conheciam bem a arte minoica, porque têm o mesmo estilo e imagens de taurocatapsia.

– E o que isso significa na prática?

– Os membros da realeza daquela época, e também de épocas posteriores, se casavam entre si. Esse costume fazia parte da diplomacia. Assim, é muito provável que tenha havido um grande casamento real de um egípcio com uma princesa minoica.

– E ela teria levado artistas para o Egito?

– Sim, e provavelmente eles decoraram o novo lar da princesa de uma forma que lembrasse o antigo.

– O que mais ela levou para o Egito?

– Não temos como saber, mas podemos imaginar. Você já

deve ter notado que a arqueologia nos faz imaginar coisas que nunca passaram pela nossa cabeça.

– Verdade, eu nunca havia imaginado minoicos e egípcios pulando touros.

– Agora imagine a princesa entrando numa embarcação, virando para trás, olhando apavorada para as belíssimas montanhas de Creta. Com certeza ela levou coisas que queria ter no Egito, como um vestido favorito, um brinquedo da infância, algo que lhe passasse segurança na viagem rumo ao desconhecido. O homem que a espera do outro lado também é um desconhecido, um estranho que fala outra língua e adora outros deuses. Deuses que, segundo lhe disseram, são enormes seres humanos de pedra com cabeça de animal. Essa princesa ouviu falar de cidades com muros altos e palácios monumentais, e de um rio poderoso que corta vastas planícies de areia. Ouviu falar que lá, em meio às dunas de areia, existem construções gigantescas com quatro lados que se unem em um ápice! São tão grandes que a princesa não acreditou quando ouviu que tinham sido construídas havia milhares de anos. Para ela, o lugar mais imponente e importante do mundo é a praça central de Cnossos, onde as pessoas se reúnem para assistir à taurocatapsia.

– Eu estive em Cnossos quando criança, mas não consigo imaginar as pessoas festejando, dançando e saltando sobre touros.

– Mas os minoicos iam além de entretenimento, casamentos arranjados e festivais! Eles criaram uma escrita para acompanhar e registrar as contas públicas. Afinal, como administrariam aqueles palácios enormes e sistemas e redes tão vastos e complicados sem anotar tudo? No início, a escrita era formada por hieróglifos...

– Os egípcios?

– Não. Era uma escrita hieroglífica cretense. Chamamos de hieróglifos porque lembra a escrita hieroglífica egípcia. Mas essa escrita logo se desenvolveu e se transformou em outra, uma escrita mais complexa chamada Linear A.

– Sabemos que língua era essa?

– Primeiro vamos esclarecer: uma coisa é a escrita, outra é a língua. A língua falada pode ser representada em vários sistemas de escrita. Não sabemos que língua a Linear A representava e também ainda não a deciframos. Até fazemos ideia de como funcionava, sobretudo os caracteres que representam os números, mas ainda não a compreendemos. Essa tarefa vai ficar para as próximas gerações de cientistas.

– Creta tem um carisma especial, não acha? Um certo glamour.

– Verdade. Mas também é muito misteriosa. Ainda nos fascina. As mulheres eram poderosas, viviam em condição de igualdade com os homens. Algumas só queriam se divertir e, quando fazia sol, colocavam uma cobra embaixo de cada braço e iam passear com os seios de fora.

– Hein? Por que cobras e por que com os seios de fora?

– Por que não?

– Que tipo de resposta é essa?

– Brincadeira minha. Falando sério, não sabemos ao certo por que as mulheres cretenses andavam com cobras e seios de fora, e também não sabemos nada sobre sua religião ou seus valores, porque não temos fontes escritas sobre isso. Só podemos conjecturar. Mas, de modo geral, sabemos que por trás desses elementos existia uma filosofia completa sobre a vida e a arte. Isso é impressionante por si só e alimentou muitos mitos. Não é coincidência que, de acordo com a mitologia, Zeus nasceu em Creta.

– No Período Minoico?

– Não sabemos. De qualquer forma, na época todo o mundo grego reconhecia Creta como o lar do pai de todos os deuses. O pai de Zeus, Cronos, era supersticioso e acreditava em profecias. Certo dia um oráculo lhe disse que um de seus filhos roubaria seu trono. Como ainda não existiam métodos contraceptivos, ele tomou a única atitude lógica possível na época: engoliu os filhos assim que foram nascendo. Ia fazer o quê? Perder o trono? Após ver o marido saborear inúmeros filhos recém-nascidos, Reia, esposa de Cronos, decidiu esconder o filho mais novo, Zeus, numa caverna em Creta. Quando Cronos pediu a Reia que lhe entregasse Zeus, ela preparou um wrap recheado com uma pedra, que ele engoliu sem perceber o que continha. Ao mesmo tempo, os dáctilos, pequenos demônios guerreiros, fingiam lutar para que Cronos não ouvisse o choro do bebê.

– Ninguém pensou que o bebê poderia estar chorando justamente porque estava vendo uns monstros brigando e gritando na caverna?

– Não sei, não sou psicólogo infantil. De qualquer modo, Zeus foi amamentado por uma cabra chamada Almateia, cresceu, virou um jovem robusto e decidiu conquistar o mundo. Obrigou o pai a vomitar seus irmãos, que se recuperaram rapidamente, apesar de estarem imundos com os sucos gástricos de Cronos e abalados pelo tempo passado no estômago do próprio pai. Óbvio que eles ficaram ao lado de Zeus na guerra contra o pai, o tio e os outros titãs. No fim, os filhos venceram e Zeus subiu ao trono. O novo soberano quis aproveitar a fama e decidiu conquistar também o sexo feminino. Foi até a Fenícia, se transformou num touro, roubou uma jovem chamada Europa e a levou para umas férias relaxantes em Creta. Ou seja, a Europa foi batizada em homenagem à bela amante de Zeus.

– Imagine se ele tivesse se apaixonado por uma moça chamada Afroxylanthi. Hoje nós viveríamos na União Afroxylânthica.

– Na época, Creta era governada pelo poderoso rei Minos, e sua esposa se apaixonou por um touro; dessa união nasceu o Minotauro, metade homem e metade touro, fruto de uma união disfuncional, provavelmente com algum distúrbio mental que não era diagnosticado na época. O Minotauro começou a ter vontade de devorar pessoas. O resto da novela minoica é mais conhecido. O jovem e belo Teseu entrou clandestinamente em Creta, matou o Minotauro e foi embora com Ariadne, a filha do rei. "Os estrangeiros vêm e roubam nossas melhores mulheres", reclamaram os minoicos.

– Eu imagino os minoicos como pessoas amáveis, pacíficas, que cantavam, dançavam e viviam num mar de rosas. Gente simples, com belas e fortes mulheres que passeavam com os seios à mostra. Eles eram assim, uma sociedade amante da natureza?

– Você está simplificando demais. Os minoicos eram enterrados com armas. Se tinham armas é porque conheciam a guerra, certo? Os cretenses não eram como o John Lennon e a Yoko Ono! Lembre-se: a imagem que temos da civilização minoica é a imagem que Arthur Evans consolidou em sua obra. Sabemos que os minoicos não eram hippies felizes. Inclusive faziam sacrifícios humanos.

– Jura?

– Juro! Por uma incrível coincidência, descobrimos o templo Anemospília, aos pés do monte Juktas, que foi destruído em um terremoto. Havia três esqueletos numa câmara. Dois, um homem e uma mulher, morreram no terremoto e no incêndio que se seguiu. Mas o terceiro esqueleto, de um jovem, estava deitado num altar de pedra com os pés atados. E havia uma faca no altar. Provavelmente eles estavam num período de atividade vulcânica intensa e decidiram sacrificar o jovem para apaziguar os deuses, mas durante o sacrifício houve o terremoto que soterrou o edifício.

– Mas isso não destrói a imagem que tínhamos dos nossos antepassados? Isso não seria uma difamação?

– Por que a imagem do passado deveria ser imaculada? Se atualmente nós não somos perfeitos, por que eles teriam que ser na época? Será que não podemos nos maravilhar com as realizações deles e ao mesmo tempo apontar seus defeitos? Eram tempos difíceis. Você reclamaria com uma pessoa pré-histórica sobre a falta de uma rampa para cadeirantes na entrada de um templo? Seria um absurdo, não acha?

– Claro. Mas é que eu fiquei perplexo com tudo que você falou sobre Creta. Mas só voltando às ilhas Cíclades: o que acontecia lá nessa época? A cultura deles desapareceu?

– Claro que não! As Cíclades entraram na esfera de influência de Creta.

– Que tipo de esfera de influência? Política? Econômica? Cultural?

– Muito provavelmente todas. A cultural com certeza. Uma prova disso é a erupção de Santorini, que aconteceu no fim do século XVII a.C. Quando o vulcão começou a entrar em erupção, os habitantes fugiram. É por isso que não encontramos nenhum morto pela erupção, pelo menos não até agora.

– Como assim "até agora"? O sítio arqueológico ainda não foi totalmente escavado?

– Claro que não! Até o momento só exploramos uma pequena parte. A erupção foi violenta. Cinzas vulcânicas cobriram toda a cidade antiga onde hoje fica o sítio arqueológico de Acrotíri. Os artefatos que encontramos revelaram um estilo de vida que não imaginávamos.

– Como uma Pompeia pré-histórica?

– Exato! Descobrimos ruas e praças, bairros inteiros com casas de dois andares, confortáveis, decoradas com murais fantásticos. Dentro das casas encontramos móveis primorosamente entalhados, vasos belíssimos, um luxo de dar inveja. Tudo preservado pela erupção do vulcão de Santorini.

– A erupção destruiu a civilização minoica?

– Não. Esse mito caiu por terra há décadas. A erupção certamente fez um estrago, mas não destruiu a civilização.

– Então, se não foi com a erupção, como a civilização minoica acabou?

– Nenhuma civilização morre da noite para o dia por causa de um único acontecimento. Por motivos que não conhecemos, a Grécia Continental começou a influenciar a civilização cretense, que até então era isolada. Embora Creta ainda prosperasse, a Grécia Continental começou a superar a sua já conhecida introspecção. Em algum momento, cerca de 1600 a.C., vemos a formação de uma civilização com aristocracia, exército e sede de conquista. A civilização micênica, que tinha surgido no sul da Grécia, construiu palácios próprios e se expandiu em todas as direções. E, seja por meio do comércio ou do exército, ela se alastrou por toda a Grécia Continental, pelo mar Egeu, por Creta e pela costa da Ásia Menor. Os gregos micênicos se inspiraram na vida luxuosa e na cultura refinada de Creta, mas ao mesmo tempo queriam conquistar o território.

– Vocês, arqueólogos, só falam de hipóteses. Fazem suposições sobre o disco de Festo, imaginam que a civilização minoica ruiu. Vocês não podem simplesmente escavar e descobrir o que realmente aconteceu?

– Não é tão fácil. A arqueologia não se resume a escavações.

– Como assim?

## FAQ: A ARQUEOLOGIA VAI ALÉM DAS ESCAVAÇÕES?

– A arqueologia não se resume a cavar e descobrir o que está debaixo da terra. Isso é o que a *escavação* faz. Usamos o método científico antes de começar a escavar, e também muito tempo depois. Afinal, precisamos interpretar os achados.

– Interpretar? Imaginei que os achados falassem por si sós.

– O problema dos achados é que eles tendem a estar de acordo com o que falamos sobre eles. Ou seja, é fácil fazer os dados se adequarem à teoria que você tem na cabeça. O maior problema da arqueologia é saber interpretar o que é encontrado.

– E isso é tão complicado?

– Muitos anos atrás, a arqueologia era uma ciência simples e inocente, inexperiente até. Ela encontrava algo, interpretava da maneira mais óbvia possível e seguia em frente. Ou ficava sentada admirando as bugigangas desenterradas. Exemplo: quando um arqueólogo encontrava um vaso que parecia grego ou celta, concluía que gregos ou celtas tinham vivido na região. É o que chamamos de abordagem histórico-cultural.

– Mas qual o problema dessa abordagem?

– Ela não é lógica, é uma simplificação exagerada, e no fim das contas se mostrou muito perigosa. Primeiro, porque foi usada como justificativa ideológica de muitos povos para reivindicar territórios e fortalecer práticas imperialistas. Segundo, porque com base nessa lógica perdemos a essência e a complexidade mágica da cultura humana.

– Ainda não entendi por que, se um vaso grego antigo é encontrado em algum lugar, não significa necessariamente que os gregos habitaram ali.

– Vou explicar com um exemplo: se um arqueólogo escavar minha casa no futuro, vai encontrar objetos de origem japonesa, alemã, italiana, turca, coreana, etc. Além de um ou outro de origem grega. Mas nenhum cidadão desses países pisou sequer uma vez na minha casa. Se esse arqueólogo quiser determinar minha nacionalidade com base nos meus objetos, não vai conseguir. Por outro lado, se eu só tivesse comprado objetos coreanos, o arqueólogo acharia que eu era coreano. Faz sentido? Vou dar um segundo exemplo para você entender o tamanho do perigo:

durante a ascensão e o auge do nazismo, o gabinete de Hitler usou exaustivamente a arqueologia para justificar a anexação de territórios fora da Alemanha. Foi o que aconteceu com a Polônia, por exemplo. Sabemos como isso terminou. E, se você não sabe, vou resumir: não terminou bem. Mas existem outros exemplos de uso do passado para fortalecer ideologias modernas. Uma delas é a arqueologia soviética, que interpretava os achados à luz do marxismo. Outra é a arqueologia do apartheid na África do Sul, que negava a possibilidade de os povos da Antiguidade terem criado uma civilização ali e defendia que qualquer achado era evidência de uma colonização europeia. Na própria Grécia, sobretudo nos séculos XIX e XX, políticos tentaram usar os achados da Antiguidade para exacerbar o orgulho nacionalista e "purificar" o passado.

– Como evitar essas armadilhas?

– A arqueologia deixou de lado a ingenuidade quando percebeu que não basta localizar as relíquias e atribuí-las a determinados povos, e sim que era necessário ir mais a fundo e duvidar das conclusões óbvias. Isso aconteceu nas décadas de 1960 e 1970. Nascia ali a Nova Arqueologia. Agora há pouco eu contei a história da arqueologia entrando no café quando ainda era uma ciência jovem e inexperiente e se unindo às ciências da natureza. Pois bem: a arqueologia tentava imitá-las e identificar os processos por trás dos fenômenos culturais. Por isso, também era chamada de "arqueologia processual". As civilizações antigas eram vistas como sistemas estruturados em subsistemas e geravam análises e modelos estatísticos.

– Entendi. Então toda a parte teórica acaba aqui, certo? Nesse momento a arqueologia encontrou seu propósito.

– Não é tão simples. Em algum momento, em meio a tantas análises estatísticas, o essencial começou a se perder. Percebemos que isso também não era suficiente e que o certo seria considerar também o imprevisível fator humano, além dos vieses e preconceitos dos arqueólogos. Foi quando se cunhou o termo "arqueologia pós-processual".

– O que é isso?

– A arqueologia pós-processual busca o ser humano por trás do objeto. Em tese, complementaria a arqueologia processual, mas os embates científicos continuaram.

– Um quer mostrar ao outro que está certo, é isso? Mas e aí? A arqueologia finalmente chegou a uma conclusão ou ainda está lutando para ter uma identidade?

– Atualmente a arqueologia tenta combinar tudo que falei e ao mesmo tempo ponderar outras facetas da existência humana. Desde a arqueologia de gênero, que busca o significado do gênero na civilização, até a arqueologia social, que se concentra nos aspectos econômicos e sociais da Antiguidade. Todas essas peças formam o enorme quebra-cabeça da ciência arqueológica.

– Mas por que tanta discussão em torno da teoria da arqueologia?

– Como falamos no início: se você não sabe o que está procurando, por que estuda a Antiguidade e quais são os parâmetros de trabalho, não vai fazer interpretações claras. Nesse caso, você não passa de um caçador de tesouros. Para obter as respostas certas, você precisa fazer as perguntas certas, como a que fizemos há pouco: o que levou à derrocada da civilização minoica?

– Ah, sim! Foi onde paramos. Você disse que foi a chegada dos micênicos! Como foi o Período Micênico?

# 4

## CIVILIZAÇÃO MICÊNICA

– Por volta do ano 1600 a.C. entramos no período que chamamos de Idade do Bronze Recente. Aos poucos as tribos gregas antigas que haviam se estabelecido na Grécia Continental começam a desenvolver uma cultura urbana influenciada pelas tribos cicládica e minoica, e também a construir palácios.

– Calma aí! Os micênicos foram os primeiros gregos?

– Os micênicos foram a primeira civilização documentada a falar grego. Surgiram na Grécia Continental, onde se disseminaram primeiro, depois começaram a se alastrar pelas ilhas do Egeu, por Creta e, por fim, pela Ásia Menor, Macedônia e sul da Itália. Receberam esse nome em homenagem a seu palácio mais importante, o de Micenas. Os micênicos construíram palácios em todo o território grego, e surgiram complexos micênicos da Macedônia até a Ásia Menor. Os palácios mais importantes, além do de Micenas, ficavam em Pilos, Tebas, Iolcos, Tirinto e Midea (na Argólida). É quase certo que tenha havido um na Acrópole em Atenas, mas posteriormente ele foi demolido e sofreu uma mudança radical.

– A civilização micênica era tão brilhante quanto a minoica?

– De modo geral não é aconselhável "comparar" culturas. De que adiantaria? Seja como for, os micênicos tinham muitas coisas em comum com os minoicos, mas também diferenças.

– Que diferenças, por exemplo?

– Os micênicos eram mais orientados para a guerra e a arte da guerra. Os gregos do Período Clássico os consideravam guerreiros poderosos.

– E eles falavam grego, certo?

– Não só falavam como escreviam! Eles copiaram o sistema de escrita que encontraram em Creta e fizeram pequenas adaptações. É a escrita chamada Linear B.

– Então eles adotaram a língua dos minoicos?

– Não confunda. Escrita é uma coisa, língua é outra. Hoje em dia, por exemplo, há pessoas que usam caracteres latinos para escrever na língua grega.

– Entendi! Então como é que eles escreviam em grego?

– Encontramos milhares de inscrições com a Linear B, as primeiras em Creta. Por isso acreditamos inicialmente que a Linear B era uma escrita cretense. Mas a Linear A foi encontrada em Creta e é mais antiga. Encontramos ainda toneladas de inscrições com a Linear B no Peloponeso. Assim, sabemos que a Linear A era a escrita dos minoicos e que a Linear B era a escrita dos micênicos. Só encontramos textos nos palácios. No palácio de Pilos, que fica no Peloponeso, encontramos o arquivo real, que tinha sido destruído pelo mesmo incêndio que acabou com o palácio. Mas graças a essa catástrofe as inscrições foram preservadas.

– Como assim?

– Os escribas da época escreviam em tabletes de argila crua que tinham a forma de uma folha de árvore ou de uma página. Organizavam os textos por tema em caixas de palha e levavam para o arquivo. Ao fim de determinado período, quando os registros precisavam ser alterados, eles molhavam os tabletes, "apagavam" as informações e reutilizavam a argila.

– Sustentabilidade e reciclagem no século XX a.C.!

– Essa técnica tinha uma vantagem: os palácios dos micênicos foram destruídos violentamente por incêndios e ataques de inimigos. O mesmo fogo que destruía os palácios assava as peças de argila, o que as preservou durante milênios.

– Isso significa que os micênicos eram letrados.

– Em geral, não. Poucos sabiam escrever. Os palácios tinham algumas dezenas de escribas, os quais conseguimos distinguir pela caligrafia. Eles moldavam a argila em formato de folha de oliveira para textos mais curtos ou no de página para textos mais longos. Usavam algum objeto afiado para registrar longas listas de itens que entravam e saíam do palácio.

– Você disse que encontramos milhares desses documentos. O que está escrito neles?

– A grande maioria é de registros contábeis.

– Que decepção!

– Eles são muito úteis, nos dão informações valiosas.

– O que eles mencionam?

– Funcho, aipo, cominho, cardamomo, mástique, coentro, gergelim, poejo...

– Calma aí, arqueólogo! Que papo é esse?

– Só estou citando as ervas ou condimentos que os micênicos usavam na comida. Você subestimou o valor dos registros contábeis. Eles mostram que, para degustar um belo jantar mediterrâneo, você e os micênicos de 3.500 anos atrás usariam os mesmos ingredientes.

– Estou impressionado! O que mais descobrimos com as inscrições?

– Indiretamente descobrimos muitas coisas, também sobre a própria sociedade. Por exemplo, encontramos um tablete que menciona um conflito legal entre o clero e o povo. Eritha, sacerdotisa de alguma divindade, reivindicou uma terra arável enorme e o povo resistiu e não aceitou. Também descobrimos que houve um banquete extraordinário para comemorar a coroação de um jovem governante chamado Áugias!

– Comeram centenas de quilos de carne?

– Centenas? Que nada! Um boi, 26 carneiros, seis ovelhas, quatro cabras e sete porcos! Mais de duas toneladas de carne. Isso sem contar as toneladas de frutas, legumes, mel e vinho!

– Que farra! E o nome do jovem rei era Áugias? Os arqueólogos também descobrem os nomes das pessoas?

– Não só das pessoas como também de seus animais. Sabemos, por exemplo, de camponeses com bois chamados Pitsilotos, Mavros, Xanthos, Aspromouris, Krassatos.

– Que demais! Há menção a outras personalidades importantes?

– Uma sacerdotisa chamada Karpathia é citada por incomodar os governantes.

– Por quê?

– Ou era preguiçosa, ou se lixava para as responsabilidades. Num tablete consta que ela não cuidava bem dos dois terrenos que possuía, embora fosse obrigada a cultivá-los. Mas, pessoalmente, minha inscrição favorita é a de um escriba que um belo dia ficou de saco cheio. Não sei se ele estava num dia especialmente entediante ou se esperava receber informações para gravar. Seja como for, ele virou o tablete de argila e desenhou um guerreiro dançando. O que será que ele estava pensando? "Ai, meu Deus, eu queria muito ser um guerreiro ou um dançarino famoso, mas acabei como um escriba de repartição."

– Sabe o que me impressiona? Que vocês tenham conseguido decifrar essa escrita!

– Após esforços hercúleos de pesquisadores que quebraram a cabeça durante anos.

– E por que ainda não conseguem ler a Linear A?

– Em primeiro lugar, porque não temos o mesmo número

de textos que na Linear B. Esse é um fator importante, porque quanto mais material temos, mais tentativas podemos fazer para decifrar. Em segundo lugar, porque claramente a Linear A registra uma língua que não conhecemos. Tentamos lê-la com base no grego, como fizemos com a Linear B, mas não deu certo. Se eles falassem grego, teríamos conseguido ler a escrita, como conseguimos ler a Linear B, que registra o funcionamento do sistema de palácios e da economia da época. Podemos usar os textos traduzidos da Linear B para tirar conclusões sobre a sociedade como um todo. Por exemplo, sabemos que eles mantinham pessoas escravizadas e também que o governo doava terras públicas a sacerdotes, e elas passavam a ser privadas.

– Então os religiosos tinham dinheiro e poder desde aquela época. O que mais a Linear B nos ensinou?

– A Linear B também nos deixou uma visão dos deuses venerados na época. E veja só: o panteão da Grécia micênica é formado por deuses que vamos encontrar na Grécia clássica mais tarde, com algumas mudanças. Eles mencionam Zeus e Hera, mas também Dia, que é a versão feminina de Zeus, e Deimos, filho de Zeus.

– É a primeira vez que ouço falar de Dia e Deimos! Quem é esse filho de Zeus?

– Uma divindade da religião ancestral que não sobreviveu aos séculos seguintes. Provavelmente vai ser a primeira vez que você vai ouvir os nomes de outras divindades da época, como Enialio, que mais tarde foi equiparado a Ares, Paiaonas, Potnia, Eleia, Trisheros. Certamente você já ouviu falar de Atena, Ártemis, Hermes, Dionísio, Apolo, Poseidon, mas não de Posideia, a contraparte feminina de Poseidon!

– E todos esses nomes estão nos tabletes?

– Como eu falei, eram documentos contábeis. Muitos deuses são citados em tabletes com a lista das oferendas que recebiam.

É o caso de um tablete muito importante de Pilos que registra oferendas e sacrifícios aos deuses numa cerimônia religiosa em um local chamado Sphagianes, num mês de colheita das frutas. Potnia teria recebido um cílice dourado, que é um cálice raso. Poseidon teria recebido uma patera dourada, que é um prato raso de oferenda, além de uma mulher. Para Trisheros só havia um cálice... provavelmente era um deus de quinta categoria.

– Eu ouvi direito? Uma mulher? É um sacrifício humano?

– Muito provavelmente, sim. Existe também um texto curto que fala de pessoas escravizadas que teriam sido oferecidas ao templo como propriedade, mas acho improvável que tenha sido o caso, porque o tablete se refere especificamente a um sacrifício. Além disso, há um trecho sobre uma cerimônia em homenagem a Poseidon na qual eles ofereceram presentes e sacrifícios, um cílice dourado e duas mulheres, enquanto o templo de Zeus teria recebido uma patera dourada e um homem. A oferenda a Hera teria sido uma patera dourada e uma mulher. Deimos, filho de Hera, só recebeu uma patera.

– Eu não imaginava que os nossos antepassados eram sanguinários.

– O Período Micênico foi cruel, mas ao mesmo tempo era bem organizado e parece ter sido próspero.

– Isso se você não desse o azar de ser sacrificado! Pelo menos hoje em dia, na pior das hipóteses, o menu do sacrifício é uma cabra assada inteira, e não a sua concunhada no espeto!

– As religiões tinham força, mas o verdadeiro poder emanava do palácio, e o sistema de governo tinha uma hierarquia forte e complexa. O chefe de Estado era o *wanax*. A residência onde ele morava se chamava *anáktora*.

– Eles não tinham reis?

– Tinham, mas estavam muito abaixo na hierarquia. O segundo cargo mais importante na hierarquia após o *wanax* era o *lawa-*

*getas*, o líder do povo. Em seguida vinham os *ekwetai*, o *korete* e o *porokorete*. O título de rei, *basileus*, era dado a um funcionário local, mas era um cargo muito inferior. Guarde essa informação, vamos voltar a esse assunto mais tarde.

– Então lá atrás o setor público já era sobrecarregado! E o que exatamente essas pessoas faziam?

– Ainda não sabemos ao certo qual a função de cada um. Alguns claramente tinham funções militares. Outros estavam ligados ao comércio, à administração pública e à religião. Era uma sociedade complexa. Só assim eles teriam construído palácios tão monumentais e elaborados.

– Me conte alguma coisa sobre a Porta dos Leões de Micenas. Visitei o local uma vez numa excursão. É imponente.

– A Porta dos Leões é a entrada principal do grandioso palácio de Micenas, uma bela construção. Os leões simbolizam a bravura e a força do poder central. As cabeças já não estão mais lá, mas elas seriam grandes demais para caber no espaço que resta na construção, por isso presumimos que elas estavam viradas para fora, para quem passasse pelo portão. Lorde Elgin, um diplomata inglês, conheceu a Porta dos Leões numa de suas viagens e quis levá-la. Tentou encontrar gente nas vilas próximas para fazer o trabalho, mas, no início do século XIX, na região da Argólida, não encontrou mão de obra capaz de levantar pedras tão pesadas. Foi embora decepcionado, mas, em troca, levou metade das esculturas de mármore do Partenon. Ainda hoje tentamos recuperar essas peças dos ingleses.

– Até aqui ficou claro que a civilização micênica era muito poderosa e importante. Mas o que aconteceu com ela?

– Em algum momento perdeu força.

– Por quê?

– Passamos as últimas décadas discutindo as razões para a derrocada da civilização micênica. Teriam sido problemas internos? Fatores climáticos que destruíram a produção agrícola? Agitação social? Invasão externa? Tudo junto? Provavelmente não foi um fator isolado. Há uma teoria de que hordas agressivas possivelmente originárias da Sardenha estavam saqueando todo o Mediterrâneo Oriental, destruindo o que viam pela frente, derrubando Estado após Estado. Não sabemos a origem desses grupos, então vamos chamá-los simplesmente de povos do mar. Nessa época, o fim da Idade do Bronze, eles saquearam o Mediterrâneo inteiro. Provavelmente atacaram a Grécia micênica, o Império Hitita, a Síria e a Palestina. Tiveram o atrevimento de atacar até mesmo o todo-poderoso Egito, que penou para derrotá-los. Essa forte turbulência, somada à derrocada de diversas civilizações, marcou o fim da Idade do Bronze.

– Entendi, mas e a tal invasão dórica?

– De fato, alguns pesquisadores defendem que os dórios destruíram a cultura micênica, mas essa migração não tem fundamento arqueológico. Não existe nenhum elemento cultural que comprove a influência de novos povos no sul da Grécia. Esses pesquisadores acreditavam que o estilo geométrico que passou a predominar nos vasos de argila após a queda dos palácios micênicos viria dos dórios, mas essa hipótese não procede. Primeiro porque, como já falamos, *nunca* é recomendável concluir que a existência de um estilo de cerâmica em determinado lugar significa que um povo inteiro viveu ali. Se for assim, no futuro os arqueólogos vão achar que todos nós pertenceríamos ao "superpovo" Tupperware! Segundo porque o estilo geométrico nasceu na Ática, região que os dórios contornaram para chegar ao Peloponeso.

– Está dizendo que a invasão dórica nunca aconteceu?

– Aconteceu, mas não varreu a Grécia inteira, como pensamos durante um bom tempo. E não necessariamente causou o colapso dos micênicos.

– Que confusão! Pelo visto vocês ainda têm muito trabalho pela frente.

– Sim. E que bom! Imagine como seria entediante se já tivéssemos descoberto tudo. No fim, o importante é que o poderoso sistema que sustentava a civilização micênica entrou em colapso. Em seguida começa a Idade das Trevas grega.

– Idade das Trevas? Quando foi isso?

– Por volta do fim do século XII a.C. começou o declínio da civilização micênica. No século XI a.C., aproximadamente no ano 1050 a.C., entramos na Idade das Trevas.

– Às vezes você fala em Período Micênico, Período Geométrico. Depois fala o ano exato dos acontecimentos! Por que essa bagunça na cronologia?

– Calma, vou explicar.

## FAQ: COMO OS ARQUEÓLOGOS DATAM OS ACHADOS?

– Sua confusão é normal. Existem dois grandes métodos de datação: a datação relativa e a datação absoluta. A relativa apenas determina a ordem cronológica que nós, arqueólogos, usamos para distinguir os períodos da Antiguidade. Via de regra ela se baseia nos objetos de cerâmica, que são os achados mais comuns nos sítios arqueológicos. A datação absoluta, que também é conhecida como datação cronométrica, determina a idade dos achados.

– Achei complicado. Consegue explicar melhor?

– Vamos ver um exemplo: um vaso pré-histórico do Período Micênico. Segundo a datação relativa, ele pertence ao Período Heládico Tardio III, que significa, na datação absoluta, o ano 1400 a.C.

– E por que vocês usam essas duas formas de datação?

– A datação relativa é mais conveniente para o pesquisador, enquanto a absoluta é mais conclusiva, portanto mais acessível aos interessados em geral. A datação relativa é mais útil por ser flexível. Novos achados podem levar a ajustes na correlação entre a datação relativa e a datação absoluta, que é o nosso objetivo final. A datação relativa é muito útil enquanto ainda estamos trabalhando com hipóteses e não chegamos a uma conclusão; ela nos possibilita trabalhar sem tentar descobrir o ano exato de fabricação de uma peça, por exemplo. A espinha dorsal da datação relativa é o estudo das camadas individuais de uma escavação e a classificação dos achados arqueológicos.

– O que é o estudo das camadas?

– Num sítio arqueológico, cada camada de terra corresponde a um período, e em cada camada encontramos achados relativos a cada época. Os objetos de cerâmica são os achados mais frequentes e úteis, e os arqueólogos os usam para construir uma sequência cronológica dos padrões utilizados. É o que chamamos de tipologia.

– Pode me falar mais um pouco sobre o conceito de tipologia?

– Vamos fazer uma analogia atual: pegue a imagem de dez carros do mesmo fabricante das mais diferentes épocas, desde os anos 1940 até os atuais. Só de olhar, você consegue dizer a ordem em que eles foram fabricados porque conhece a evolução gradual dos modelos desse fabricante. Quando você vê um modelo da década de 1960, sabe que ele é dessa época só de bater o olho, conhece a tipologia dos carros da época. A mesma lógica se aplica aos objetos de cerâmica, e é possível fazer algo parecido com outros achados, como estátuas, artefatos de metal...

– Não dá para fazer isso com todos os achados?

– Não. Certos utensílios do dia a dia não mudam muito ao longo dos anos. A cerâmica, por outro lado, apresenta uma variação enorme. Além disso, como falei, os objetos de cerâmica compõem a maior parte dos achados. Eles são tão úteis que se tornaram nossa referência.

– E como vocês fazem a datação absoluta?

– Lembra que eu disse que a arqueologia ficou amiga das ciências da natureza? Ela sempre pede ajuda para datar artefatos. Claro que todos os métodos têm suas limitações. No caso dos materiais orgânicos, o método mais conhecido é o de datação por radiocarbono. Todo organismo vivo contém carbono-14, que começa a decair a partir do momento da morte. Sabendo que o carbono-14 tem meia-vida de 5.500 anos, podemos determinar o momento da morte.

– Ah! Parece simples.

– Longe disso. Em primeiro lugar, esse método tem grande margem de erro, porque para fazer o cálculo precisamos de uma amostra suficientemente grande de material orgânico que não esteja contaminada por outro material orgânico. Ou seja, precisamos ter a sorte de achar material orgânico em quantidade suficiente e que não esteja misturado com materiais de outras épocas. Esse material precisa ser isolado sem ser contaminado e enviado direto ao laboratório. E só piora: os sítios arqueológicos raramente contêm camadas intactas, que não se misturaram umas com as outras. Quase nunca encontramos materiais orgânicos, como madeira, carne, pele, etc., em quantidade suficiente, porque eles se decompõem, salvo em casos excepcionais. Por aí você já vê como a questão é complicada na prática. Além disso, como eu falei, o radiocarbono não dá uma datação exata, apenas uma janela de tempo que pode oscilar entre cinquenta e duzentos anos. No caso de um artefato pré-histórico, não faz tanta diferença datar algo de 5330 a.C. ou 5270 a.C., mas, historicamente falando, cem ou duzentos anos fazem uma enorme diferença. Resumindo, é claro que o método de datação por radiocarbono é ótimo, mas só funciona bem quando a amostra é grande o bastante, proporciona um resultado com pequena margem de erro e pertence a achados pré-históricos.

– E existem outros métodos de datação?

– Outro método muito usado é a dendrocronologia. Nas aulas de biologia a gente aprende que cada anel de um tronco de árvore corresponde a um ano. Se você encontra um tronco numa escavação, pode comparar seus anéis com os de outras árvores para descobrir de quando é o tronco. Após muitos anos de pesquisa, temos dados suficientes da vegetação de toda a região do Mediterrâneo e da Europa, de milhares de anos atrás até o presente. Para datar um sítio arqueológico e seus achados com base na dendrocronologia, precisamos ter a sorte de achar madeira bem conservada. Isso é raro, porque, como falei, a madeira é um material orgânico e se decompõe. Como você pode ver, é difícil fazer datação absoluta, por isso os arqueólogos se baseiam sobretudo na datação relativa.

– Entendi. Foi por isso que você disse Idade das Trevas, e não 1050 a.C.

– Exato.

– Certo. Vamos em frente. Alguma coisa que não sabemos aconteceu e a civilização micênica acabou. O que houve depois?

# 5

## IDADE DAS TREVAS

– Nessa época houve devastação e catástrofes por toda parte? Os palácios, as muralhas, as riquezas... tudo se perdeu?

– O mundo mudou. É claro que as pessoas mantiveram parte dos avanços do passado, mas ocorreu uma grande queda populacional, e ao que tudo indica houve emigração em massa.

– Para onde?

– Para o norte do Egeu, para a costa da Ásia Menor, para o Chipre e até para as costas da Fenícia e da Palestina. Os habitantes da Grécia Continental retornaram a um estilo de vida menos complexo, e as conquistas da Idade do Bronze se perderam. Eles pararam de usar os sistemas de escrita Linear A e Linear B, pararam de construir propriedades e muros fortificados. E a verdade é que eles não tinham nada para defender. Tudo havia ruído! Foi nesse período que os povos da região começaram a usar o ferro, e é assim que começa a Idade do Ferro. E mais uma vez nos baseamos na cerâmica para entender esse período tumultuado. Após o Período Micênico, surge um novo estilo de cerâmica, com formas geométricas; é o estilo protogeométrico, que tem esse nome porque antecede o estilo geométrico, que surge mais ou menos um século e meio mais tarde.

– Calma aí! Mas você acabou de falar que depois do Período Micênico entramos na Idade das Trevas.

– É a mesma coisa. A Idade das Trevas Grega também é chamada de Período Protogeométrico.

– A arqueologia adora um nome diferente, hein?

– Com certeza! A cerâmica protogeométrica lembra um pouco a do Período Micênico, mas sem as mesmas criatividade e habilidade artística. A decoração é mais discreta, com padrões geométricos simples e muita tinta preta cobrindo as superfícies.

– Ainda não entendi por que vocês chamam esse período de Idade das Trevas.

– Na época em que cunharam o termo não sabíamos muito sobre o período pós-derrocada da civilização micênica, por isso o chamamos de Idade das Trevas, que nada tem a ver com a Idade Média europeia. Felizmente, hoje temos mais informações sobre o período. Acreditávamos que esse período tinha durado séculos, mas hoje sabemos que os povos da época se recuperaram relativamente rápido. Foi um período de grandes mudanças e reestruturações. Esqueça tudo que você aprendeu sobre isso antes: quando um sistema social entra em colapso, as pessoas fazem de tudo para salvar a própria pele.

– Ah, sim, como num filme de zumbis onde os sobreviventes formam grupos para se defender.

– Por aí. O antigo poder central havia se extinguido e o espaço heládico se dividiu em tribos e grupos étnicos com o objetivo único de sobreviver. O poderoso *wanax*, o *lawagetas* e toda a corja do palácio sumiram. Muito provavelmente o único governante que permaneceu no cargo foi o *basileus*, oficial inferior que tinha o cargo de rei, e isso levou a uma mudança gradual do significado da palavra.

– Ah, é aí que o rei passa a ser o soberano!

– Esses grupos estavam dilacerados, vivendo na base do "salve-se quem puder", lutando pela sobrevivência. Cada povo fez isso de um jeito. Em Creta, por exemplo, os assentamentos da

Idade das Trevas são muito diferentes dos centros urbanos do período anterior. São pequenas aldeias no alto das rochas, para os habitantes poderem se defender e se esconder. Os povos da Grécia Continental começaram a primeira grande migração, que levou à primeira onda de colonização grega. Diversos grupos étnicos gregos começaram a se movimentar e chegaram às ilhas e à costa da Ásia Menor, conquistando regiões que eram suas terras natais num passado mais remoto.

– E que povos e grupos étnicos eram esses?

– Havia muitos povos gregos. Os maiores eram os dórios e os jônios. Os dórios se concentravam no Peloponeso, nas ilhas ao sul do mar Egeu, em Creta e também na costa do sul da Ásia Menor. Os jônios viviam nas ilhas centrais do mar Egeu, na Ática e na costa central da Ásia Menor. Os eólios também eram um povo relativamente grande que ocupou a costa norte da Ásia Menor, mas havia várias tribos menores espalhadas por todo o território heládico.

– E essa loucura durou muito tempo?

– Como eu disse, a recuperação foi rápida. A descoberta arqueológica mais impressionante da época foi feita em Lefcandi, na ilha de Eubeia: uma mansão de quase 500 metros quadrados com muitos cômodos e talvez até um segundo andar. O mais impressionante é que no centro do terreno estavam os túmulos das pessoas que haviam morado lá, um homem e uma mulher.

– Quem eram eles? Governantes? Rei e rainha?

– É muito provável que tenham sido um casal governante. Eles foram enterrados junto com cavalos e valiosos artefatos funerários.

– O que é um artefato funerário?

– É qualquer objeto colocado num túmulo e enterrado junto com o corpo como oferenda. Muitos não vinham da Grécia, eram importados do exterior. Apesar de ser considerado obscuro, sombrio e bárbaro, esse período teve casas majestosas, ainda que poucas. Também teve riqueza e certa prosperidade. Lefcandi não tinha mansões como em Malibu ou Hollywood, mas não era um mau lugar.

– Com certeza. É de frente para o mar, tem praias maravilhosas! Morra de inveja, Hollywood!

– Lefcandi nos reservou outras surpresas. Foi nessa época que começaram a surgir as tradições populares que posteriormente levariam à criação dos mitos. No túmulo de uma menina encontramos um ídolo de um centauro feito de argila. Até o momento é o ídolo mais antigo de um centauro já encontrado. E o mais interessante não é isso. Esse ídolo lembra o mito de Quíron, o único centauro a se destacar dos demais, um ser sábio e benevolente que ensinou a muitos heróis antigos a arte da medicina.

– Por que ele foi o único centauro de destaque?

– Os centauros eram seres selvagens, violentos, delinquentes. Quíron, por sua vez, era de outro naipe. Sábio, educado, um verdadeiro cavalheiro com cascos.

– E como vocês sabem que o centauro no túmulo era Quíron?

– Reza a lenda que Hércules feriu o pé de Quíron. O ídolo do túmulo tinha um ferimento no pé. E tem outra coisa ainda mais interessante.

– Mais?

– O centauro estava quebrado. Faltava um pedaço, que foi encontrado na tumba vizinha.

– Nunca ouvi falar dessa história! Vocês escondem as descobertas do público?

– Nada disso. Quem tem interesse pode saber de tudo que nós descobrimos.

– Eu nunca tinha ouvido falar que a ilha de Eubeia era avançada na Idade das Trevas.

– Os achados de Lefcandi não provam que todo mundo vivia

em palácios e usava joias importadas. Mesmo aquela casa imponente era de madeira e tijolos, com telhado de colmo. Estava mais para um estábulo espaçoso do que para a casa de um governante. Mas ela mostra que eles sabiam fazer viagens longas e que não chegaram a perder o contato com outros povos, apesar da fragmentação do espaço heládico, em comparação com as civilizações do Oriente Médio.

– Então, como essas pessoas viviam?

– A maioria das casas das pessoas simples era muito parecida com cabanas de pastores dos dias de hoje, pelo menos nos lugares onde havia madeira, pois nas ilhas, onde faltava madeira, eles construíam as casas com pedra. Os casebres se espremiam em ruelas dentro dos muros da cidade, que os protegiam dos inimigos. A casa do governante era um pouco maior que as outras. Havia um ou outro terreno baldio usado para atividades em grupo ou dedicado a um deus. Na época os deuses eram venerados ao ar livre, num local estabelecido para essa finalidade. Era separado do espaço voltado para as pessoas.

– Eles continuaram venerando os doze deuses do Olimpo? Você mesmo disse que eles surgiram no Período Micênico, certo?

– Isso mesmo. Nessa época a adoração dos deuses do Olimpo começou a tomar a forma que manteve nos períodos seguintes. Na Idade das Trevas, muito provavelmente todas as divindades da natureza eram adoradas, e a natureza era considerada divina; havia imagens de divindades por todos os lados: no céu, na terra, no mar, nas árvores. Muitas vezes essas árvores tinham forma humana, e, quando não tinham, forneciam sombra e alimento. Elas murchavam, morriam e renasciam todos os anos. Isso, por si só, já era considerado um ato divino. Os povos da época imaginavam os deuses e criavam imagens deles. Às vezes de metal, e mais frequentemente de madeira, aproveitando que certas madeiras lembravam um tronco humano. As imagens eram colocadas no local onde adoravam os deuses. Os adoradores rogavam por clemência e pediam forças para sobreviver ao inverno ou aos ataques inimigos. Isso sem contar com as vezes que eles adoeciam e as infusões e ervas não surtiam efeito. Eles viviam uma vida dura, por isso acreditavam que os deuses responsáveis por criar essas dificuldades também eram duros e precisavam ser apaziguados. As imagens dos deuses tinham que ser protegidas a qualquer custo, então os adoradores construíam abrigos para protegê-las das intempéries. Foi assim que surgiram os primeiros templos, e grande parte dessas "estátuas" rudimentares dos deuses se tornou imagens cultuadas. E, como já falamos, a única constante na história humana é a mudança. Assim, foi questão de tempo até a neblina da Idade das Trevas se dissipar.

– Tenho mais uma pergunta. Você falou sobre Lefcandi e sobre a queda das civilizações. Antes, mencionou sacrifícios humanos em Creta, e volta e meia você diz que alguns arqueólogos têm um ponto de vista diferente sobre os acontecimentos. Por que existem tantos pontos de vista diferentes na arqueologia?

---

## FAQ: POR QUE EXISTEM TANTOS PONTOS DE VISTA DIFERENTES NA ARQUEOLOGIA CIENTÍFICA?

---

– Porque assim é a ciência, e a ciência é global. Até hoje os países não chegaram a um consenso sobre se o certo é o veículo andar na pista da esquerda ou da direita. Como seria possível alcançar o consenso em relação a questões científicas?

– Tudo bem, mas em tese os cientistas são pessoas bem instruídas, cultas. Justamente eles não chegam a um consenso?

– As discordâncias são a essência da ciência. Elas distinguem a ciência do hobby de estudar a Antiguidade.

– Não entendi.

– Nas ciências, as discordâncias nos ajudam a testar as teorias e a fazer pesquisas. Funciona assim: um pesquisador apresenta uma ideia, uma hipótese, uma conclusão, e o resto da comunidade analisa. Mas isso só é possível se a ideia é divulgada junto com todos os seus raciocínios e dados científicos. Durante a análise, é natural que surjam posições contrárias à do estudo. No fundo, essas discordâncias funcionam como os testes clínicos conduzidos antes de um medicamento ser comercializado. E, tendo em vista que os cientistas nunca concordam em tudo, precisamos apenas que a maioria da comunidade científica concorde com essa ideia.

– Qual é a maior controvérsia na arqueologia?

– Uma controvérsia famosa na arqueologia é sobre a data da erupção do vulcão de Santorini. Inicialmente foi estabelecido que aconteceu em aproximadamente 1450 a.C., mas é bem provável que o vulcão tenha entrado em erupção cerca de dois séculos antes, talvez em 1642 a.C., em 1628 a.C., entre 1642 a.C. e 1616 a.C. ou entre 1664 a.C. e 1651 a.C. Entende aonde eu quero chegar? Também existem divergências sobre a identidade do cadáver no Túmulo II em Vergina. A maioria dos arqueólogos acredita ser de Filipe II da Macedônia, pai de Alexandre, o Grande, mas muitos rejeitam isso e defendem que é o meio-irmão de Alexandre, o Grande, Arrideu, também chamado oficialmente de Filipe.

– Eles se esqueceram de escrever o nome no túmulo?

– Não há um nome na lápide, aí tudo se complica. Até agora encontramos cerca de 130 túmulos reais e aristocráticos na antiga Macedônia, sendo que só dois têm o nome da pessoa enterrada. Mas, mesmo que o Túmulo II em Vergina tivesse um nome, provavelmente seria Filipe.

– Tudo bem, mas você está falando de questões importantes. Os arqueólogos devem chegar a um consenso com questões menores, não? Para que ficar brigando por ninharia?

– Não temos visões diferentes sobre tudo, mas confesso que as discordâncias são frequentes. Vejamos outro exemplo não tão conhecido: o Necromanteion de Aqueronte, também conhecido como Oráculo da Morte. Os devotos iam até lá para receber mensagens não de um deus, como acontecia em Dodona, com Zeus, ou em Delfos, com Apolo, e sim dos mortos do mundo inferior. Hoje o Oráculo da Morte lembra uma torre fortificada com dormitórios onde ficavam os peregrinos que queriam receber mensagens dos mortos. Também foram encontrados vasos com resquícios de alimentos, como grãos e leguminosas, que agiriam como alucinógenos. Os peregrinos precisavam ingeri-los em jejum para alcançar o delírio. Os arqueólogos também encontraram um corredor que lembrava um pequeno labirinto com diversas portas que levava a um buraco. Esse buraco dava em um santuário escuro, úmido e de teto abaulado, um lugar bem sinistro. Pressupomos que era nesse lugar que os peregrinos, zonzos de fome, de sede, da dieta peculiar e do caminho, viam os mortos, que se mexiam e falavam. O mais impressionante é que encontramos engrenagens e peças de máquinas que talvez os sacerdotes usassem para movimentar as marionetes que representavam as almas dos mortos diante dos peregrinos embasbacados. Ou seja, o coitado do peregrino chegava ali completamente fora de si, via as marionetes se mexendo e imaginava que eram as almas do mundo inferior!

– E onde está a controvérsia?

– Alguns arqueólogos acham que os achados foram interpretados de forma equivocada. Como eu falei, todo o complexo do Oráculo da Morte é murado, lembra um forte. As peças de cerâmica e os demais achados mostram que o local foi usado pela última vez pouco tempo antes da ocupação romana. Também sabemos que a campanha romana de conquista do Épiro foi sangrenta. Eles destruíram setenta cidades e assentamentos, e escravizaram 150 mil habitantes da região.

– Ou seja, a construção não era um oráculo, e sim um forte?

– Alguns acham que foi um dos últimos fortes do período, construído pelos epirenses para se defender dos ataques romanos. Talvez os cidadãos sitiados usassem os vasos para guardar os suprimentos, e as engrenagens e peças metálicas fossem partes de dispositivos de defesa, como catapultas e outras armas. E talvez o templo não passasse de um porão.

– E qual é a interpretação considerada correta?

– A hipótese do forte parece lógica, mas não explica o corredor de labirinto. Você está no meio de uma batalha, tentando evitar que os romanos ocupem o forte, e ainda tem que encarar um labirinto? Isso é masoquismo. Também não explica por que o porão foi construído com tanto cuidado, com vários compartimentos e tanta parafernália. Aliás, uma longa e cuidadosa análise mostrou que o porão era anecoico.

– O que é isso?

– Foi construído de tal forma que não havia nenhum ruído. Ali dentro reinava o silêncio absoluto.

– Mas as engrenagens não podiam ser de catapultas?

– Podiam, mas, mesmo que a construção tenha sido utilizada na resistência contra os ataques romanos, não significa que não possa ter servido como oráculo antes.

– E como estão as pesquisas atuais?

– Elas mostram que o lugar realmente funcionava como um Oráculo da Morte. O que esse exemplo nos ensina? Que é preciso que alguém questione a interpretação das descobertas arqueológicas para que surjam novas pesquisas que ou comprovem que a nova interpretação é correta ou embasem a interpretação inicial com argumentos mais contundentes. Por isso sempre é bom que haja discordâncias na arqueologia.

– Tudo isso é muito interessante, mas quando a gente chega à Grécia Antiga? Ainda não saímos da Pré-História.

– Certo, vamos lá.

# 6

# PERÍODO GEOMÉTRICO

– Chegamos ao Período Geométrico. Começa aqui o processo que culmina nas maravilhas culturais da Antiguidade clássica.

– Que nome curioso! Por que geométrico?

– Mais uma vez é culpa da cerâmica. No período anterior, grande parte dos vasos não tinha decoração, mas agora eles têm: formas geométricas grandes, ocupando toda a superfície dos vasos.

– O que mais mudou além da cerâmica?

– Muita coisa. A Grécia Geométrica é dividida em pequenas unidades políticas que se desenvolveram e se tornaram cidades-estados. O comércio cresceu e transformou a economia. A produção de cerâmica se aprimorou e o uso do ferro se disseminou. Estamos num período onde a "tecnologia" dá seus primeiros passos.

– Calma aí! No período anterior você falou muito da ilha de Eubeia. Ela continua sendo o centro do poder no Período Geométrico?

– No Período Geométrico, do qual estamos falando, não existia um centro de poder único. Mas podemos pressupor que Atenas já começava a assumir as rédeas do mundo grego. Isso fica claro especialmente na produção artística, sobretudo de cerâmica. Atenas foi a vanguarda do estilo geométrico. Muitos outros locais copiavam ou se inspiravam na produção ateniense.

– Então havia vários estilos de cerâmica espalhados pelo território grego?

– Sim. Cada cidade criava e mantinha seu estilo, mas a influência da cerâmica de Atenas era impressionante. Eles produziam vasos enormes, do tamanho de pessoas, que eram usados em funerais. Os vasos também tinham um padrão geométrico excepcionalmente simétrico e detalhado que cobria toda a sua superfície. Dizemos que os artistas desse período sofriam de *horror vacui*, medo do vazio. Ocupavam todos os espaços possíveis do vaso.

– Eles só faziam formas geométricas? Não pintavam pessoas?

– Aos poucos eles começaram a representar pessoas, animais e sobretudo funerais.

– Por que funerais?

– Não esqueça que a maioria dos artefatos que foram conservados e chegaram aos dias de hoje não se deteriorou justamente porque foi enterrada. Os objetos maiores serviam para decorar os túmulos, e os pequenos eram colocados dentro do túmulo, como oferendas. Exatamente por isso permaneceram conservados e podemos estudá-los. Aos poucos começamos a reconhecer o traço dos artistas e passamos a dar nomes a eles. O mestre de Dípilon, o pintor de Hirschfeld e assim por diante.

– Cá estamos nós falando de cerâmica de novo.

– É porque as peças de cerâmica estão entre os achados mais importantes desse período.

– Como o mundo heládico se desenvolveu e se transformou na Grécia Clássica? Onde começou essa transição?

– Nos lugares onde os habitantes tinham alma aventureira e eram mais propensos ao comércio e às viagens, como a ilha de Eubeia, Creta e as ilhas do Egeu oriental. Na ilha de Eubeia, por exemplo, as cidades vizinhas de Cálcis e Erétria competiam entre si, e a competição leva à busca da superioridade. Em vez de ficar parado olhando para o mar Egeu, você entra na embarcação e parte numa viagem. E em algum momento um viajante descobriu que do outro lado do mar, na Fenícia, eles usavam uma escrita diferente, com poucos símbolos. Esse viajante copiou a escrita, adicionou vogais, alterou os sons de leve para adequá-los à língua grega e criou a primeira escrita do mundo em que cada letra correspondia a um som da voz humana. Assim, muito tempo depois de esquecerem sua própria escrita, escrita essa que era complicada, misteriosa e dominada por poucos, os gregos passaram a contar com uma ferramenta que transformaria sua cultura radicalmente.

– Eles criaram um alfabeto, e daí?

– E essa criação foi de uma simplicidade arrebatadora. Um punhado de letras, cada símbolo com um som correspondente. O sujeito aprendia esses poucos símbolos e era capaz de reproduzir seus pensamentos em seu próprio idioma. Os desdobramentos e as consequências disso foram inimagináveis. Aos poucos essa criação abriu o caminho para o "milagre" da cultura grega antiga. Dali em diante muitas pessoas passaram a ser capazes de absorver todas as informações. Esse simples alfabeto foi o solo fértil onde os gregos plantaram a semente que daria ao povo a capacidade de assumir as rédeas do destino, transmitir conhecimento, criar a filosofia, desenvolver as artes e outras áreas do conhecimento. Foi o primeiro passo para o nascimento da democracia.

– Agora há pouco, quando falamos sobre a Linear B, você disse que só encontraram documentos contábeis dos palácios. Com esse novo sistema de escrita foi diferente?

– Sim. Essa primeira escrita grega tem um detalhe maravilhoso que costuma passar despercebido. Os textos que encontramos, em sua maioria, são metrificados, ou seja, poéticos.

– Eles escreviam poesia? Sério?

– Sério! Assim que criaram a escrita os gregos começaram a criar poesia. Mais uma vez a arte está na vanguarda. A partir do momento em que o ser humano aprendeu a escrever algo que outros pudessem aprender a ler, o mundo se transformou. Desde o início o alfabeto grego foi se fragmentando e se desdobrando em tipos regionais com grandes diferenças entre si. O mais impressionante é que, logo após a invenção e a disseminação do alfabeto grego, os dois maiores best-sellers da literatura mundial foram criados: a *Ilíada* e a *Odisseia*.

– Eles foram escritos nessa época?

– Eles foram criados mais ou menos nesse momento, embora não tenham virado texto imediatamente. Os poetas criavam os épicos, e os bardos os decoravam e percorriam todo o território grego fazendo apresentações. A *Ilíada* e a *Odisseia* alimentaram a imaginação humana por cerca de 3 mil anos e são conhecidas no mundo todo, inspirando inúmeros artistas. As epopeias homéricas alcançaram a fama logo após serem criadas. Têm inúmeras cenas que até hoje nos empolgam e nos comovem.

– Só me resta acreditar na sua palavra.

– Os dois épicos têm inúmeras cenas geniais! Exemplo: a cena da *Ilíada* na qual Aquiles, arrasado pela morte de seu companheiro Pátroclo, encomenda uma nova armadura a Hefesto e parte para a vingança. Ele mata tantos troianos que o deus-rio Escamandro fica coalhado de sangue e cadáveres e resolve sair do leito e atacar Aquiles.

– Homero já era famoso na época? Ou só foi descoberto agora?

– Homero sempre foi popular. Ele é a própria definição de best-seller! Homero não é um desses autores que pertencem à academia, e sim às tradições populares que deram origem às suas epopeias. Ele sempre foi um produto das tradições populares e lá permanece.

– Ele faz parte de uma arte popular grega?

– Sim, mas em dimensões épicas. As epopeias de Homero cativavam o público. As obras dele têm reviravoltas e truques narrativos que adoramos ainda hoje. Veja como ele construiu a *Odisseia*, por exemplo: começa em *medias res* apresentando Ulisses, o arquétipo de intrépido, um viajante por excelência, preso na ilha de Calipso, escondido de Poseidon, que quer matá-lo. Ao mesmo tempo, ficamos sabendo da situação em Ítaca, onde o filho e a esposa de Ulisses, Penélope, lutam para manter o reino de Ulisses vivo. Ou seja, o livro começa num cenário extremamente complicado. Você se pergunta como a situação chegou a esse ponto e o que Ulisses pode fazer para dar um jeito. Em algum momento Poseidon fica desatento e os deuses resolvem intervir: decidem deixar Ulisses retornar para Ítaca. Ulisses constrói uma jangada e inicia a jornada de volta. Mas conseguirá chegar a tempo?

– Tem uma reviravolta inesperada?

– Poseidon manda uma tempestade na direção de Ulisses. Esta é uma de minhas cenas favoritas: Leucoteia, uma pequena deusa do mar, oferece a Ulisses um velo mágico e tenta mantê-lo vivo em meio às ondas até que Atena intervenha. Ulisses naufraga, mas chega à ilha dos feácios. Porém a história não acaba aí! Ulisses conta aos feácios tudo que viveu e pede ajuda. Nesse momento começam os flashbacks! Muita ação e muito terror. Surgem personagens como o cíclope Polifemo, a deusa Circe, os monstros marinhos Cila e Caribde, os gigantes canibais lestrigões, o povo lotófago, a ida ao mundo inferior! Com a ajuda dos feácios, Ulisses chega a Ítaca. Mas a história não acaba aí. Como se fosse um roteirista profissional no fim de um thriller, Homero lança novos problemas sobre o nosso herói. Ulisses precisa descobrir um jeito de recuperar o trono. Ele se veste de mendigo e usa diversas artimanhas para derrotar inimigos mais poderosos. Por fim, Ulisses e o leitor chegam juntos a um final feliz. E lembre-se: essa história não foi escrita hoje, é a aventura mais antiga da história da literatura.

– As epopeias de Homero retratam de forma precisa o que aconteceu na época? Pergunto porque ele menciona Troia, Micenas e também todos os heróis mitológicos.

– Não. É um erro achar que as epopeias de Homero narram eventos históricos. Elas são uma mistura de referências culturais micênicas com muitos elementos do Período Geométrico. Não leve a sério o que está ali. Não esqueça que a *Ilíada* e a *Odisseia* são fruto da imaginação criativa do poeta, e não de historiografia.

– Mas nós encontramos Troia, Micenas e até os palácios dos heróis citados.

– De fato encontramos sítios arqueológicos que provavelmente se chamavam Troia, Micenas, etc., e eles inspiraram a criação dos mitos. Mas os mitos em si nunca foram comprovados. Por exemplo, não podemos comprovar que o túmulo de Agamenon realmente pertenceu a ele.

– Certa vez ouvi um professor dizer que talvez Homero nem tenha existido e que as epopeias foram escritas por vários poetas, que foram unificadas nos textos depois. O que acha dessa hipótese?

– Sim, essa é a questão homérica. Não se sabe se as epopeias são obra de uma só pessoa, Homero, ou se foram criadas por muitas pessoas. Mas vamos deixar de lado os argumentos científicos e as controvérsias que surgiram durante a pesquisa da *Ilíada* e da *Odisseia*. O importante é que as epopeias de Homero continuam sendo uma pedra angular da cultura, a base da educação clássica.

– Eu não sabia que o humilde alfabeto grego tinha sido usado desde o início para documentar algo tão importante como as poesias da época.

– Agora sabe. Mas não pense que tudo da época são poemas da mais alta qualidade. Na verdade, os gregos antigos tinham o hábito de escrever, ou melhor, gravar, seu nome nas coisas, para saber quem era dono do quê.

– Assim como nós escrevemos os nossos nomes nas nossas coisas?

– Sim. Uma das inscrições mais antigas e famosas em grego está gravada num copo de Rodes encontrado numa ilhota perto de Nápoles. Os gregos adoravam viajar, e encontramos pertences deles espalhados por toda a região. No copo está escrito: "Eu sou o copo de Nestor. Quem beber deste será tomado pelo desejo enviado por Afrodite." Na época as pessoas acreditavam que os objetos tinham alma. As frases que escreviam nos objetos representavam falas dos objetos em si. Uma inscrição mais antiga, de Modon, na região de Pieria, não se contentou em dizer que aquele copo pertencia a alguém. Faz também uma ameaça: "Quem me roubar perderá os olhos." Outra, de Marselha, diz: "Pertenço a Aristonas. Me largue! Me solte agora mesmo e vá embora!"

– Pelo jeito eles gostavam de escrever ameaças...

– Não, mas os habitantes do Mediterrâneo já eram dramáticos na época. Adoravam festas, estavam sempre de bom humor e valorizavam o amor. Assim, também escreviam frases apaixonadas. Encontramos uma delas numa enócoa, que é um jarro de vinho. Dizia que o melhor dançarino receberia o jarro de presente!

– Onde eles dançavam?

– Nesse caso específico, provavelmente num simpósio, que era a segunda parte de um banquete, momento em que os convidados bebiam, conversavam, se divertiam e por vezes competiam. Os arqueólogos também encontraram uma inscrição que incentiva o leitor a descontrair, "Beba, mate a sede, viva", e uma inscrição de uma pessoa apaixonada: "Mogeas me deu de presente para Eucharis, para que ela possa beber à vontade."

– Então eles levavam uma vida boa na Grécia Geométrica! Mas me diga uma coisa: o Período Geométrico faz parte da Pré--História ou da História?

– No decorrer do Período Geométrico, a Grécia Antiga entra no Período Histórico. Oficialmente no ano 776 a.C.

– Mas não podia ser um ano redondo? Aconteceu algo muito importante nesse ano?

– Sim, os primeiros jogos olímpicos na antiga Olímpia! Também é no Período Geométrico que são construídos os primeiros santuários pan-helênicos, como em Delos para Apolo, em Elêusis para Deméter, em Olímpia para Zeus. Isso sem contar os primeiros oráculos, o de Zeus em Dodona e o de Apolo em Delfos. Mas, voltando aos jogos olímpicos, é nesse período que as regras são criadas. No começo, poucas pessoas assistiam às competições, mas em pouco tempo os jogos se tornaram o evento mais importante do mundo antigo.

– Li em algum lugar que na Grécia Antiga o público atirava roupas nos vencedores das competições. Isso é verdade?

– Acho que chegou o momento de esclarecermos algumas coisas.

## FAQ: O QUE OS GREGOS REALMENTE FAZIAM NA ANTIGUIDADE?

– O que eles comiam na Grécia Antiga? Como era a vida? Em que deuses eles acreditavam? Todo arqueólogo que conversa sobre a Antiguidade com um leigo ouve essas perguntas. Mas tais perguntas se baseiam numa concepção equivocada. Primeiro porque as pessoas perguntam sobre a Grécia Antiga mas na maioria das vezes estão falando da Atenas do Período Clássico, que foi o auge da cultura grega antiga, e a maioria esmagadora das fontes escritas que chegou a nós é desse período. Mas a Antiguidade não foi um simples instante no tempo, não era estática. Pelo contrário: estava em constante mudança cultural, social, geográfica, etc. É por isso que as perguntas sobre o que as pessoas faziam na Grécia Antiga estão equivocadas. O que é a Grécia Antiga? Qual delas?

– Existiram tantas assim?

– Quando você pergunta sobre a Grécia Antiga, seria sobre a Eubeia no século X a.C., época em que o comércio com o Oriente Médio voltou a florescer e surgiram novas ideias? Ou está se referindo à Argólida no século IX a.C., com sua aristocracia de cavaleiros? Ou seria Esparta no século VIII a.C., que instaurou um governo militar que curiosamente contava com dois reis? Sim, eles tinham dois reis em Esparta, e quando entravam em guerra um ia para a batalha, como líder militar, e outro permanecia na cidade para evitar que ela ficasse sem líder. Ou você quer saber de Samos no século VII a.C., com seu rico porto e seu magnífico santuário dedicado à deusa Hera, que atraía peregrinos do mundo inteiro? Talvez queira saber da Atenas do século VI a.C., com suas agitações sociais que levaram Clístenes a criar o milagre da democracia. Ou pode estar perguntando sobre a Macedônia do século V a.C., com suas comunidades agrícolas e seus pecuaristas seminômades que vagavam pelas montanhas enquanto os reis macedônios da Dinastia Argéada tentavam controlar as famílias reais de territórios menores e construir uma ponte com o sul da Grécia. Ou será que está falando de Rodes no século IV a.C., com seus portos poderosos e centros de arte com os maiores pintores e escultores da época?

– Ok, já entendi seu ponto.

– As diferenças culturais, políticas e sociais entre os períodos que eu citei são enormes. A Grécia Antiga não é estagnada, sempre havia muita coisa acontecendo ao mesmo tempo. Algumas dessas coisas já existiam desde a Pré-História e perduraram na Antiguidade.

– Pode me dar um exemplo?

– A adoração dos deuses em um panteão. Na verdade alguns costumes se mantêm até hoje, como o churrasco. Na Antiguidade, era um sacrifício aos deuses, e hoje virou uma tradição de domingo de Páscoa. Outro exemplo: o costume de dar o nome do avô ao neto. Por outro lado, certas coisas só existiram em lugares e períodos específicos, e, antes que você pergunte, respondo de antemão: em Esparta, as meninas e os meninos recebiam treinamento físico. Já os antigos macedônios tinham um ritual de purificação bem esquisito antes de partir para a guerra: cortavam uma cadela ao meio e faziam todo o exército marchar entre as duas metades do corpo.

– Está me dizendo que essas perguntas não têm sentido?

– Claro que têm. São esclarecedoras, e muitas vezes não são meras perguntas sobre cronologia. A questão é que não devemos jogar todas as informações que temos sobre a Antiguidade num mesmo saco, como se tudo tivesse acontecido num mesmo período. Por exemplo, você não pode dizer que os gregos do século XX mandavam telegramas para se comunicar à distância pois não havia telefone, ou que era necessário sair de casa para dar um telefonema. Isso valeu para um período do século XX, mas não para todo ele. O mesmo vale para a Antiguidade. Ah, e sobre as roupas que os espectadores atiravam nos competidores dos jogos olímpicos, sim, em certo período da Antiguidade isso aconteceu. Eles tinham o costume de jogar peças de roupa nos atletas como presentes e como prova de admiração. Mas não durou muito.

# 7

## Período Arcaico

– Após o Período Geométrico, finalmente entramos no Clássico?

– Não. Primeiro vem um período muito importante, o Período Arcaico. Ele pavimentou o caminho para o Período Clássico: limpou a casa, cozinhou, estendeu os tapetes, fez todos os preparativos para que o Período Clássico pudesse colher os louros e receber a fama. O Período Arcaico preparou todo o terreno para o milagre da Grécia Clássica.

– Interessante. Quando aconteceu? Quanto tempo durou?

– O Período Arcaico foi de aproximadamente 700 a.C. até 500 a.C. Forçando um pouquinho, ele pode ir até 480 a.C., quando houve as Guerras Médicas e os gregos derrotaram os imperialistas da época, o Império Persa.

– O que aconteceu de importante no Período Arcaico?

– Os gregos sempre tiveram um fascínio pelo Oriente Médio. Visitavam os portos e as cidades dos fenícios, assírios, egípcios e de outros povos que tinham uma civilização desenvolvida. A travessia do agitado mar Mediterrâneo era exaustiva, e após atracar eles visitavam os bazares e mercados das cidades estrangeiras, entravam nos templos com estátuas enormes construídas para os deuses dessas civilizações, observavam as muralhas, prestavam atenção nos tecidos, nas roupas, nos vasos, em objetos do dia a dia com todo tipo de decoração: padrões, animais reais ou míticos e, claro, formas humanas. Preenchiam as partes lisas com padrões florais.

– E eles gostavam dos bazares e das civilizações do Oriente Médio?

– Adoravam! Morriam de inveja, mas ao mesmo tempo se inspiravam. Aos poucos começaram a copiar os temas e padrões. Se até então a arte grega tinha sido um festival geométrico, depois desse intercâmbio passou a exibir animais, temas florais, formas humanas e o que mais desse na telha. Esse período no qual o mundo grego foi inundado de ideias vindas de fora é chamado de Período Orientalizante.

– Calma aí. Você passou do Período Geométrico para o Arcaico e agora pulou direto para o Orientalizante? O Arcaico acabou?

– O Período Orientalizante é curto, entre o Geométrico e o Arcaico. Está dentro das primeiras décadas do Período Arcaico.

– Vou enlouquecer com esses períodos e subdivisões.

– Mas o Período Orientalizante é fundamental. Foi a faísca que fez os gregos do século VII a.C. começarem a fazer os experimentos que levariam ao Período Arcaico.

– Tudo bem, mas fora a arte, o que mais aconteceu? Como era a vida dos gregos no Período Arcaico?

– A Grécia Continental já estava dividida em centenas de cidades-estados, que começaram a tomar sua forma definitiva.

– E qual é a forma definitiva de uma cidade-estado?

– No geral, é uma cidade murada com estruturas básicas para a população, como a ágora, os templos e os ginásios. Fora dos muros havia terras agrícolas, onde cultivavam grãos, frutas e legumes para os habitantes.

– E havia muitas cidades-estados?

– Centenas. A maioria no sul, nas ilhas e na Ásia Menor. Mas um ou outro reino ainda havia sobrevivido. São os casos, por exemplo, de Macedônia, Épiro e Tessália, além de comunidades isoladas na região montanhosa da Grécia Ocidental, culturas rurais que se organizavam como "povos", e não como cidades-estados ou reinos.

– Mas a Grécia não é tão grande assim. Como é que centenas de cidades-estados tinham espaço para a agricultura?

– Boa pergunta. O espaço de fato era limitado, e muitas comunidades não tinham solo fértil suficiente para produzir alimento para toda a população, que crescia e se apinhava. E o que acontece quando muita gente se apinha no mesmo lugar?

– Elas começam a brigar.

– Exato. E a solução mais simples era a emigração de parte da população. Com o tempo essa onda emigratória virou um tsunami; é o que nós chamamos de segunda diáspora grega.

– Quando foi a primeira?

– Após a queda dos palácios micênicos. Já esqueceu? Entre 1100 a.C. e 1050 a.C.

– Não consigo me lembrar de tudo!

– Sem problema. Seja como for, a colonização era um processo importante, mas complicado. As pessoas precisavam buscar uma região onde pudessem se alimentar e viver junto com a população já existente no local. Isso nem sempre era possível, nem toda tentativa dava certo.

– E quais eram as dificuldades?

– Vou dar o exemplo da cidade-estado de Tera, na ilha de Santorini. Na época era um lugar superpopuloso, e em dado momento uma seca terrível dificultou a vida dos habitantes, que começaram a se estranhar e brigar. Além disso, houve conflitos por motivos políticos, de heranças, briga por terras. No fim, parte da população abandonou a ilha para encontrar outro pedaço de terra. Quando encontrava, não conseguia ficar. No fim, os mais pobres voltaram a Tera, mas não foram bem recebidos pelos que tinham permanecido, que pensavam: "Agora que somos poucos e estamos em paz, vocês querem voltar?" Eles iam ao porto e atiravam pedras nas embarcações que retornavam, tentando expulsá-las. Assim, os pobres que haviam voltado para a cidade-estado de Tera precisaram encarar o mar outra vez, até que chegaram à costa norte da África, onde fundaram Cirene.

– Eles se estabeleceram lá?

– Não só se estabeleceram como a cidade ficou colossal e podre de rica. E esse é só um exemplo de inúmeros deslocamentos parecidos que aconteceram nessa época na Grécia e no Mediterrâneo. Dezenas de cidades de todos os tamanhos espalharam suas sementes em todas as direções. Algumas enviavam um punhado de gente; outras, multidões. Houve casos em que duas ou mais cidades trabalharam em conjunto para fundar colônias.

– Como se fizessem uma aliança?

– Sim. É o caso da colônia de Pitecusa, na ilha de Ísquia, que atualmente faz parte da Itália. Originalmente foi uma colônia povoada por habitantes das cidades de Erétria e Cálcis. Foi mais ou menos o que aconteceu com Cumae, colônia próxima a Pitecusa.

– Pitecusa? Em grego, *píthikos* significa macaco. Havia macacos lá?

– Provavelmente sim. Também é possível que o nome venha da palavra *pithos* (em português, pito), um vaso grande usado para a armazenagem de alimentos. Síbaris foi fundada por colonizadores de Acaia e Trezena. Enfim, houve diversos casos de união de povos para colonização. Esses grupos deixaram a terra natal, perderam as raízes e atravessaram o mar revolto para construir um novo lar. Sobreviveram e criaram novas relações. Com o contato diário, as diferenças sociais entre os povos diminuíram, e isso os preparou para as transformações que viriam a acontecer. O mundo grego estava prestes a sofrer transformações drásticas.

– Os povos cooperavam uns com os outros? Que estranho. Não havia rivalidades?

– Havia. Na verdade, a cooperação era a exceção. E no Período Arcaico as guerras também mudaram. Qualquer cidadão apto a lutar podia ser convocado, em caso de necessidade. Você já deve ter ouvido falar da falange hoplita, um grupo de soldados fortemente armados que formavam uma fileira e usavam os escudos para proteger a si mesmos e o guerreiro ao lado, formando uma parede de ferro. Na batalha, eles avançavam sobre o inimigo em um conjunto de escudos e atacavam com as lanças. Essa estratégia de guerra era nova e teve muito sucesso. A comunidade se unia ali, consciente de que o destino da cidade estava em suas mãos. Heráclito disse: "A guerra é mãe e rainha de todas as coisas; alguns transforma em deuses, outros, em homens; de alguns faz escravos, de outros, homens livres."

– É o mesmo cara que disse "Tudo flui"?

– Esse mesmo, Heráclito, o filósofo obscuro. Já era chamado assim na Antiguidade, porque ninguém entendia o que ele queria dizer. Esse trecho específico significa algo como "Não se pode fazer uma omelete sem quebrar os ovos".

– Então a filosofia também surgiu nessa época?

– Sim. E Heráclito foi só um entre vários filósofos da natureza que surgiram na época. Tales, Anaximandro, Anaxímenes…

– E onde todos eles viveram?

– De que lugar estamos falando esse tempo todo? Do lugar onde aconteceu essa bela mistura sociocultural: nos novos assentamentos na Ásia Menor e no sul da Itália. São as chamadas "escolas".

– Era como uma escola onde você ia para aprender?

– Não, é mais no sentido simbólico. Tinha um sentido de grupo. Eram muitas; por exemplo, a escola de Mileto, a escola de Éfeso, a escola de Eleia…

– Pelo jeito as colônias transformaram o mundo.

– Sim, muitas mantinham relações com suas cidades-mãe e criavam uma grande rede comercial. Corinto foi a mais atuante. Fundou muitas colônias, ficou podre de rica com a rede que estabeleceu, e suas cerâmicas se tornaram famosas em toda a região do Mediterrâneo. Um detalhe sobre Corinto: ela usava duas portas de entrada e saída para o comércio. No golfo de Corinto, mais especificamente na vila de Lequeu, tinha um porto, usado pelas embarcações comerciais para entrar e sair das ilhas Jônicas rumo a oeste, à Itália, etc. O segundo porto ficava no golfo Sarônico, na cidade portuária de Cencreia, que dava para o mar Egeu e o leste. Corinto tinha muito conhecimento sobre o mar. O canal só foi construído muitos séculos depois, mas na época eles contavam com o *diolkos*, uma pista pavimentada que usavam para transportar as embarcações de um lado para outro do istmo, rolando-os sobre troncos de árvores.

– Não sabia que Corinto já era tão voltada para o mar naquela época.

– Reza a lenda que o coríntio Ameinocles teria sido o inventor da trirreme, num trabalho comissionado pela ilha de Samos ou pela cidade de Atenas, o que não surpreende, porque também há divergências sobre se foi mesmo Ameinocles o inventor da trirreme ou se foi algum outro coríntio. De qualquer modo, a trirreme se tornou a embarcação de guerra mais popular da Antiguidade.

– E como era a cerâmica de Corinto?

– Seus produtos eram transportados e distribuídos em belos vasos de argila, que eram peças de decoração por si sós. Como resultado, seus vasos eram muito procurados, e os ceramistas de Corinto eram famosos pelo trabalho delicado, com detalhes elaborados que ainda hoje nos impressionam. Eles inventaram o estilo de figuras negras. Pintavam figuras e padrões com tinta preta brilhosa, depois usavam algum objeto pontiagudo para entalhar os detalhes, criando verdadeiras obras de arte. Esses vasos são encontrados por toda a região do Mediterrâneo, por isso sabemos tanto sobre Corinto, mas também sobre o resto do mundo grego. Sabemos, por exemplo, que os coríntios também fabricavam um recipiente para líquidos muito curioso chamado *exaleiptron*, que tinha uma borda abaulada para dentro, evitando que os óleos aromáticos, unguentos e cremes valiosos derramassem. Em muitos lugares, como Macedônia e Rodes, eram usados em funerais. Em Corinto tinham outra utilidade, pois não foram encontrados em túmulos.

– Você já está falando há um tempão, e só agora eu percebi que conheço apenas duas cidades da Grécia Antiga, Atenas e Esparta, e você não falou de nenhuma delas até agora.

– Isso porque Esparta e Atenas foram as duas maiores cidades que não enxergavam a migração como a melhor solução para seus problemas. Preferiam soluções internas. O interessante é que as duas cidades se tornariam as mais importantes do mundo antigo.

– Me fale sobre Esparta!

– Esparta era a cidade-estado mais poderosa da Grécia Antiga. Os espartanos sabiam disso e tinham muito orgulho. Esparta usava um sistema político militarista e único na Grécia. Reza a lenda que o legislador Licurgo criou esse sistema e exigiu que não fosse alterado até que ele retornasse de uma viagem. O problema é que ele partiu de Esparta e nunca mais voltou, então os espartanos nunca o alteraram.

– Eles nunca mudaram nada?

– Só muito tempo depois. Os espartanos mantiveram as leis de Licurgo no Período Arcaico e no Período Clássico. Todo espartano recebia um treinamento militar rigoroso para a guerra. E as mulheres recebiam o mesmo treinamento dos homens. O espartano era acima de tudo um militar, por isso Esparta se tornou uma máquina de guerra insuperável.

– Impressionante!

– Mas ao mesmo tempo era uma sociedade brutal. Todo jovem que completava 18 anos participava de um festival chamado Cripteia, no qual tinha que encontrar e assassinar um escravizado no meio da noite! Além disso, Esparta oprimia e intimidava a maior parte da península do Peloponeso. Vivia em guerra com a Argólida e a Arcádia. Subjugou a Messênia, transformou o território em seu latifúndio e escravizou a população. Ali começou uma relação secular de ódio e hostilidade entre messênios e espartanos.

– E lá se foi a boa imagem que eu tinha de Esparta.

– Nem tudo é oito ou oitenta. Esparta tinha alguns aspectos admiráveis, mas era uma sociedade violenta. Não precisamos idealizá-la. Ela era o que era, com virtudes e defeitos.

– Mas é que todos admiram Esparta, Atenas e a Grécia Antiga em geral…

– Sim, mas não eram sociedades perfeitas. Apesar de terem características ruins como qualquer sociedade humana, elas conseguiram criar uma cultura impressionante em certas áreas.

– E construíram o grande Partenon.

– Ainda não. O Partenon surgiu bem mais tarde. Mas, já que você tocou no assunto, foi no Período Arcaico que a arquitetura começou a florescer. O que você chama de arquitetura grega surgiu nesse período. No início havia dois estilos, o dórico e o jônico. O dórico foi adotado sobretudo na Grécia Continental, que era, em sua maioria, descendente dos dórios. O jônico era mais comum nas ilhas gregas e na Ásia Menor, onde a maioria das pessoas era de origem jônica.

– Não sei diferenciar os estilos.

– O dórico é mais vigoroso, elegante. Tem colunas caneladas com bordas afiadas e um ornato na parte superior, que se chama capitel, simples e discreto, como um disco ou um cone invertido cortado ao meio. O melhor templo para ver o estilo dórico é o de Hera, na antiga Olímpia. É um dos templos mais antigos conservados até hoje. Inicialmente foi construído com madeira, mas com o tempo as colunas apodreceram e foram substituídas por colunas de pedra com o estilo e as dimensões do período em que foi feita a substituição. Resultado: um templo com colunas dóricas de diversos estilos! O estilo dórico nasceu com colunas mais atarracadas e um capitel inchado, mas com o passar do tempo as colunas foram ficando mais finas e altas, e o capitel ganhou um formato cônico e simples, como se vê no Partenon.

– E o estilo jônico?

– O estilo jônico era mais leve, gracioso, tinha um tom marítimo. As colunas eram mais finas, também caneladas, mas com bordas arredondadas e duas espirais em cada capitel. É a forma típica utilizada ao redor do mundo quando alguém quer construir algo que lembre o "estilo grego". Na costa do norte da Ásia Menor viviam os eólios, que tinham um estilo próprio de capitel. Mas, como ele parecia muito com o jônico, não chamou atenção, por isso não foi eternizado.

– Chega de colunas e capitéis! Eles faziam outras coisas?

– Foi nessa época que os gregos começaram a esculpir as primeiras estátuas. Conforme falamos, os gregos adoravam viajar e tinham uma predileção pelas civilizações do Oriente Médio, em especial o Egito.

– Por que o Egito?

– Porque a civilização egípcia era muito avançada, e era tão antiga para os gregos daquela época quanto os gregos antigos são para nós atualmente. Os egípcios tinham grande tradição e experiência na escultura, com estátuas enormes e impressionantes de basalto, granito e outras rochas suntuosas no mesmo estilo, século após século. As estátuas ficavam de pé, com as mãos apoiadas nas laterais do corpo e um pé à frente, para manter o equilíbrio e evitar que a peça de granito caísse e esmagasse um azarado passando por perto. No início os gregos copiaram o modelo egípcio.

– Como assim "modelo"?

– Os egípcios esculpiam estátuas com base em proporções predeterminadas e seguidas por todos, para que ficassem parecidas. Reza a lenda que dois escultores de Samos teriam ido ao Egito conhecer o modelo egípcio. Eles voltaram e, seguindo à risca esse modelo, cada um criou meia estátua da cabeça aos pés em sua oficina. Depois, uniram as metades, que se encaixaram perfeitamente.

– Então os gregos começaram a fazer estátuas iguais às egípcias?

– Não exatamente iguais, mas os escultores do Egeu esculpiam estátuas no estilo egípcio em menor escala. Quase nenhuma tinha o tamanho das egípcias. Seja como for, essa tendência não durou muito. Alguma coisa desagradou os escultores gregos.

– Será que eles ficaram entediados por esculpir sempre o mesmo tipo de estátua?

– Pode ser, ou então eles simplesmente não gostavam desse tipo de escultura e resolveram mudar. Exemplo: as estátuas egípcias vestiam roupas. As gregas eram completamente nuas. Além disso, nas gregas as mãos se descolaram das laterais do corpo e passaram a ter uma posição mais natural. Foi assim que surgiu o tipo de estátua que conhecemos como *kouros*, ou *koren*, caso a estátua seja feminina. As estátuas gregas têm um sorriso discreto. É o "sorriso arcaico", outra marca registrada das estátuas do Período Arcaico. Essa moda surgiu nas ilhas gregas e se espalhou por toda a Grécia. E um detalhe importante: Teodoro e Reco, os escultores espartanos que viajaram para o Egito e copiaram o modelo egípcio, fizeram para Creso, rei da Lídia, uma cratera com capacidade para 1.800 litros de vinho.

– O que é uma cratera?

– Um recipiente no qual eles misturavam vinho com água para os simpósios.

– Voltamos à cerâmica!

– Nesse momento as artes retratadas na cerâmica triunfam de verdade. Os atenienses descobrem o estilo de figuras negras de Corinto. "Se os coríntios conseguem fazer isso, então nós também conseguimos, certo?" E assim o estilo de figuras negras ganhou popularidade e alcançou a perfeição em Atenas. Inúmeros artistas atenienses o adotaram. Os mais importantes foram três oleiros que trabalharam na mesma época em oficinas próximas, nas ruelas sujas ao pé do rochedo da Acrópole.

– Me fale sobre eles.

– Um se chamava Lydos.

– Ele era da região da Lídia?

– Talvez sim, e nesse caso o nome dele indicava sua origem. O segundo artista se chamava Exéquias, e o terceiro era o Pintor de Ámasis.

– E esses três foram os grandes nomes do estilo de figuras negras? Lydos, Exéquias e Ámasis?

– Ámasis, não. *Pintor* de Ámasis!

– Como assim?

– Não sabemos como ele se chamava, só que pintava vasos para um ceramista chamado Ámasis. Por isso o chamamos de Pintor de Ámasis. Ámasis era um nome estrangeiro, egípcio. Talvez fosse do Egito.

– Entendi. E os três eram o *crème de la crème* dos pintores de vasos em Atenas?

– Especificamente dos pintores de vasos no estilo de figuras negras. Pouco antes do fim do Período Arcaico em Atenas, surgiu mais uma inovação. Em cerca de 530 a.C., um ceramista chamado Andócides trabalhava com um pintor cujo nome também desconhecemos.

– E deixa eu adivinhar: ele é chamado de Pintor de Andócides?

– Isso! Ao que parece esse pintor inventou um novo estilo de pintura. Em vez de pintar figuras negras sobre o fundo alaranjado da argila, como era o costume da época, ele inverteu: começou a pintar o fundo de preto e deixar os contornos dos corpos alaranjados. As figuras pareciam muito mais vívidas e iluminadas na argila avermelhada. Em pouco tempo o estilo de figuras vermelhas ganhou destaque, e muitos pintores seguiram o exemplo desse artista desconhecido.

– É fácil diferenciar os estilos?

– Claro. Se as figuras humanas forem negras, o estilo é de figuras negras. Se forem vermelhas, o estilo é de figuras vermelhas. Alguns artistas pintaram vasos no estilo de figuras vermelhas de um lado e de figuras negras do outro. São os chamados vasos bilíngues.

– Legal! Mas isso não é tão inovador.

– É, sim! Estamos falando das mais belas pinturas de vasos. Você acha que é por acaso que os vasos gregos antigos estão entre os artefatos mais importantes dos museus do mundo todo? A primeira geração da cerâmica no estilo de figuras vermelhas é escassa, mas a segunda geração define o estilo, que é aprimorado com o passar do tempo. Os pintores desse novo estilo começam a explorar a fundo as possibilidades de representação do corpo humano e deixam a imaginação e a criatividade correrem soltas. Esses artistas fazem parte do Grupo Pioneiro. Pelo nome você poderia imaginar que eles inventaram o estilo das figuras vermelhas, mas na verdade é porque o elevaram a um patamar sem precedentes. Esse é o primeiro movimento artístico consciente da história da arte ocidental, e provavelmente eram todos amigos.

– Existem provas disso?

– As provas são o próprio trabalho deles e as inscrições nos vasos. Eles escreviam muito nos vasos que fabricavam. E o melhor de tudo: muitos assinavam os vasos, e é por isso que conhecemos os nomes de alguns deles: Eufrônio, Eutimides, Smikros, Fídias, Hypsias. Eles registravam os próprios relacionamentos pessoais nos vasos. Alguns se pintavam festejando com amigos. Em um vaso, Eutimides escreve que pinta muito melhor que Eufrônio. Com tanta criatividade e certa rivalidade, esses simples artesãos inspiravam uns aos outros, mas certamente nunca imaginaram que milênios depois suas obras seriam aclamadas, estudadas e consideradas um dos ápices da criatividade humana nos museus do mundo todo.

– E eles eram amigos mesmo?

– Cerâmico era um bairro minúsculo de Atenas que abrigava as oficinas dos ceramistas. Alguns fabricavam os vasos, outros pintavam, outros faziam ambas as coisas, e os pintores iam de um ateliê para outro. Os artesãos trabalhavam na roda do oleiro em salinhas empoeiradas, com as costas arqueadas, dando forma a vasos que hoje estão espalhados pelos museus mais importantes do mundo. Mas na época a população torcia o nariz para esses artistas. As pessoas não respeitavam quem não dedicava o corpo inteiro ao trabalho, e o fato é que os artistas passavam o dia inteiro sentados, enfurnados numa salinha onde não batia a luz do sol. Por outro lado, era um trabalho lucrativo. Os vasos áticos eram cobiçados em todo o Mediterrâneo oriental, na costa do mar Negro e também a oeste! Os ceramistas trabalhavam em casebres de tijolo. As peças prontas eram expostas na entrada ou mesmo na rua, para quem quisesse comprar. Nos fundos ficavam a oficina com a roda de oleiro, os baldes com a argila e as ferramentas, que ficavam penduradas na parede. Os homens viviam sujos de argila e vestiam roupas simples: um quitão e, nos dias frios, uma peça de lã por cima. Os dedos grudavam, as unhas viviam vermelhas. Sempre havia vasos esperando a queima. Muito provavelmente as mulheres e os filhos ajudavam os artistas na produção. Os dias de queima eram os mais estressantes, pois essa era a etapa mais difícil e importante do trabalho. Eles precisavam empilhar os vasos na fornalha, acender o fogo e colocar lenha por horas a fio até alcançar uma temperatura entre 800 e 900 graus. Se alguma coisa desse errado na queima, todo o lote podia ir por água abaixo, semanas de trabalho perdido só porque a temperatura não estava correta. Por isso, eles penduravam talismãs em cima da fornalha para afastar demônios maléficos: Syntribos, que quebrava os vasos; Sabaktis, que derrubava as peças; Smaragos, que fazia rachaduras nos vasos; Omodamos, que atrapalhava a queima; e Asbestos, que fazia o fogo queimar de forma descontrolada. Os deuses e demônios estavam presentes em todos os âmbitos da vida dos gregos antigos. Se você parar para pensar, vai ver que tanto o simpósio, do qual já falamos, quanto os vasos eram dedicados a um deus.

– Dionísio?

– O próprio! Talvez ele seja o deus que causa o maior impacto entre todos. Se não fossem os rituais dedicados a ele, metade da cultura ocidental não existiria.

– Não precisa exagerar.

– Não é exagero! Dionísio era um deus original, incomum. Para começar, segundo a lenda, nasceu duas vezes. A primeira na cidade-estado de Tebas, na região da Beócia, produto da traição de Zeus com a princesa Sêmele. Quando Hera descobriu o chifre, Sêmele estava grávida de Dionísio. Assim, Hera se disfarçou de velha e fez amizade com Sêmele, que em dado momento confidenciou à deusa que era amante de Zeus. Hera fingiu não acreditar e plantou a semente da dúvida em Sêmele. Sugeriu que Sêmele pedisse a Zeus uma prova de sua identidade, que ele mostrasse a si mesmo em sua verdadeira forma, "em todo seu esplendor divino".

– Sêmele acreditou em Hera?

– Sim, pelo jeito ela era ingênua. Zeus tentou dissuadi-la, sabia que os olhos mortais de Sêmele não suportariam a visão dele, mas ela insistiu. Assim, Zeus tomou sua verdadeira forma, de luz incandescente, e acabou queimando o palácio inteiro. Sêmele morreu nas chamas. Gaia, deusa da terra, jogou ramos de hera no fogo para apagar o incêndio, e eles conseguiram salvar a criança divina. Esse foi o primeiro nascimento de Dionísio. Zeus se compadeceu do bebê e o costurou na coxa. Quando a criança ficou forte o suficiente para sobreviver, graças ao sangue divino que corria pela perna do pai dos deuses, Dionísio nasceu pela segunda vez. E, quando o seu nascimento é essa loucura e você ainda tem uma madrasta como Hera para infernizar sua vida, é natural que tenha problemas psicológicos. O jovem deus Dionísio precisava encontrar uma forma de lidar com esses problemas. E encontrou: o vinho. E o vinho leva a quê?

– A quê?

– Festas. Música e dança. No início os adoradores entoavam cânticos de louvor simples em homenagem a Dionísio, que com o tempo se desenvolveram e se transformaram nos ditirambos. Os ditirambos viraram sucesso em toda a Grécia. Os homens se fantasiavam de bode, pulavam de um lado para outro e cantavam. Até que em dado momento, num festival na Ática, com a cidade toda reunida, um cara esquisito, Téspis, teve uma ideia. Ficou de frente ao coro de cantores de sempre e começou um diálogo rudimentar. O coral cantava, Téspis respondia. Assim nasceu o teatro. Téspis certamente nunca se deu conta da importância do que havia criado. Não tinha como saber que séculos depois a chama que acendeu continuaria viva, na Commedia dell'Arte na Florença renascentista, no Globe Theatre de Shakespeare às margens do Tâmisa, no Scala em Milão e até no Carnegie Hall em Nova York. E talvez essa primeira faísca tenha surgido no palácio em Tebas onde nasceu Dionísio.

– Entendo o seu argumento, mas a meu ver os gregos antigos nos legaram um presente ainda maior: a democracia. Quando ela surge?

– Pouco depois disso. Mas primeiro os reis precisavam ir embora, porque, depois de tudo que aconteceu no período anterior, não tinha como não haver uma transição política. Os reis tinham perdido poder na maioria dos estados gregos, e na prática os gregos eram comandados pela aristocracia. Em alguns lugares o poder subiu à cabeça dos aristocratas, e eles começaram a subjugar o povo. Com isso passamos a ver um fenômeno que se repetiu em todo o território: um aristocrata alcançava destaque e, para "proteger os oprimidos", organizava um golpe e tomava o poder.

– Um ditador!

– Na verdade era um tirano. Na época essa palavra não tinha uma conotação negativa. Era só alguém que havia tomado o poder e governava sozinho. Na Ásia Menor, nas ilhas do Egeu, na Grécia Continental e até nas colônias na Sicília, muitos homens espertos viram o sucesso dos primeiros tiranos e conseguiram também se tornar tiranos em suas cidades-estados. Muitos eram radicais, mas também havia os que satisfaziam a população para obter apoio e não serem expulsos.

– E havia muitos tiranos?

– Muitos. Samos tinha um tirano chamado Polícrates, que tomou o poder com seus dois irmãos; eles dividiram a ilha em três, mas depois de um tempo Polícrates matou um irmão e baniu o outro. Naxos também teve um tirano, Lygdamis. O tirano de Corinto foi Periandro, que matou a esposa grávida com pontapés na barriga e era amigo de Trasíbulo, o tirano de Mileto, a quem enviou um mensageiro para pedir dicas de como permanecer no poder. Reza a lenda que Trasíbulo não disse uma palavra sequer, apenas levou o mensageiro a uma plantação e começou a arrancar as espigas mais altas. A mensagem foi clara. Dali em diante, Periandro mandou matar qualquer um que se destacasse em Corinto. Sicião, uma cidade pequena mas rica no Peloponeso norte, também teve tiranos. Um deles foi Clístenes, bisneto de um açougueiro ou cozinheiro, ou talvez isso seja um mito que alguém tenha inventado para ofendê-lo. Ou até para homenageá-lo, destacando que ele venceu na vida por conta própria, não era apenas um herdeiro. Seja como for, Clístenes tinha uma filha, chamada Agarista, e reza a lenda que ele teria convidado os melhores pretendentes de toda a Grécia a Sicião para que lutassem pela mão de sua filhinha.

– Por que você está me contando tantos detalhes da família do Clístenes?

– Já, já você vai saber. Sicião recebeu jovens não só de cidades vizinhas, mas também de muito longe, da Tessália e do sul da Itália. No fim, restaram apenas os atenienses Hipocleide e Mégacles. Clístenes escolheu Hipocleide. O casamento teve uma festa de arromba: abateram cem bois e convidaram todos os cidadãos ilustres. Hipocleide tomou um porre, subiu numa mesa e começou a dançar. Em dado momento, plantou bananeira, esticou as pernas para cima. Foi um verdadeiro show.

– Uma espécie de *breakdance* da Antiguidade?

– Sim, mas o problema era que Clístenes dava valor aos bons costumes e ficou chocado com o comportamento de Hipocleide. Vendo o genro dançar plantando bananeira e expondo as partes íntimas, Clístenes berrou: "Você dançou no seu casamento!" Na prática, porém, o que ele quis dizer foi: "Você está dançando com a genitália à mostra! Você acabou com seu casamento!" Completamente bêbado, Hipocleide respondeu: "Que se dane!" Clístenes ficou furioso, anulou o casamento e ofereceu a filha ao segundo colocado da competição, Mégacles, o que foi uma sorte para a história mundial. O jovem casal batizou o primeiro filho de Clístenes em homenagem ao avô, e foi ele quem lançou a pedra fundamental da democracia em Atenas quando adulto.

– Atenas também teve um tirano?

– Sim. Pisístrato, um homem extremamente inteligente e astuto que assumiu o comando de Atenas por três vezes e ao mesmo tempo foi um dos atores mais malucos e canastrões da história. Na primeira vez, ele feriu a si mesmo e a seus cavalos de propósito, correu até a praça central todo ensanguentado e gritou: "Querem me matar! Socorro!" Sob esse pretexto, pediu a proteção de uma guarda pessoal para evitar ataques de inimigos. E conseguiu.

– Ninguém percebeu a farsa?

– Só o famoso Sólon, um dos sete sábios, mas ninguém lhe deu ouvidos. Pisístrato transformou a guarda pessoal num exército e tomou o poder em Atenas, mas seu governo não durou muito e ele foi exilado. Na segunda vez, Pisístrato vestiu uma jovem alta e robusta como a deusa Atena, sentou-a numa carruagem e organizou um cortejo de Paiania até Atenas com ela a seu lado, para que os atenienses vissem a deusa padroeira da cidade levando de volta aquele que deveria ser seu líder.

– E os atenienses caíram nessa?

– Felizmente, não todos! Dessa vez quem o expulsou foi Mégacles, que era da grande e rica família dos Alcmeônidas e genro de Clístenes. Mas Pisístrato fez uma terceira tentativa. Após enriquecer nas minas de prata da Macedônia, conseguiu tomar o poder e ali se manteve por muitos anos, com o auxílio de outros tiranos. Seus opositores, especialmente os Alcmeônidas, se exilaram. Apenas Sólon permaneceu em Atenas, proferindo discursos públicos para tentar organizar uma resistência, mas ele estava velho e morreu pouco tempo depois.

– Sólon não foi punido por desafiar o tirano?

– Não. Como eu disse, ele era muito idoso e respeitado. Sua palavra tinha peso. Além disso, há rumores de que tinha sido amante de Pisístrato.

– Sério?

– É o que dizem alguns escritores mais antigos. Só Aristóteles duvida disso, devido à grande diferença de idade.

– Pisístrato conseguiu permanecer no poder dessa vez?

– Ele era inteligente, um governante de sucesso. Criou um programa de obras públicas e fez algo que ainda hoje dá resultado: ofereceu espetáculos gratuitos ao povo. A pompa e circunstância ao redor dos jogos panatenaicos e dos festivais dionisíacos permaneceu no subconsciente de Atenas ao longo da história. Quando Pisístrato morreu, foi sucedido pelos filhos, Hípias e Hiparco. No início correu tudo bem, até que em dado momento Hiparco se apaixonou por um rapaz, Harmódio, mas foi rejeitado. Harmódio já se relacionava com Aristógito. Para se vingar, Hiparco humilhou publicamente a irmã mais nova de Harmódio: disse que ela não podia participar dos festivais em honra à deusa Atena pois não seria mais virgem.

– E isso era tão grave?

– Gravíssimo. Só as virgens podiam participar dos festivais em honra de Atena. Para se vingar, Harmódio e Aristógito esfaquearam o tirano Hiparco no dia da festa. Tempos depois, eles se tornariam símbolos do combate à tirania e defensores da democracia. Hípias surtou após a morte de Hiparco e se tornou um tirano inflexível, até que os atenienses se insurgiram e pediram ajuda a Esparta para pôr fim à tirania. Foi então que, em 508 a.C., Clístenes fez uma sugestão radical: a mudança de governo para a democracia. A essa altura já havia diversas cidades-estados em território grego, a escrita já havia se disseminado, e os fundamentos da arte, da arquitetura, da filosofia, do teatro e da ciência já haviam se estabelecido. Assim chegava ao fim o Período Arcaico. A democracia nascia e precisaria lutar pela sobrevivência. O primeiro teste não tardou a chegar: o enorme e poderoso Império Persa voltou o olhar para cá e afiou as garras.

– Posso fazer uma pergunta?

– Diga.

– Vez ou outra você solta umas palavras complicadas, e eu fico sem entender. Por que vocês, cientistas, sempre usam palavras tão complicadas?

# FAQ: POR QUE A ARQUEOLOGIA É CHEIA DE TERMOS CIENTÍFICOS E JARGÕES?

– Sei que é confuso mesmo. Mas esse vocabulário complexo tem uma finalidade. Se uma ciência é utilizada por milhares de pessoas ao redor do mundo, é preciso que ela tenha um vocabulário em comum, então precisamos denominar certas coisas para nos entendermos.

– Vocês não podem simplesmente falar "Olha, isso aqui é um vaso"? Precisam criar quinhentos nomes diferentes para o mesmo objeto?

– Mas de que vaso você está falando? Existem inúmeros tipos de vaso! Tem que haver um jeito de diferenciar. A terminologia é necessária, mas a verdade é que ela só precisa ser usada nos textos científicos, nas discussões, análises e argumentações entre especialistas. Além disso, os conceitos mudam ao longo dos anos. Surgem novas ideias, e as antigas são descartadas.

– O problema é que, quando essa terminologia chega até nós, a ciência precisa se esforçar para se comunicar de forma que todos entendam.

– Tem razão. Não podemos pressupor que os leigos conheçam os termos científicos. Mas esse não é o momento de analisar o fenômeno do vocabulário técnico e traduzir cada conceito criado pela ciência. Além do mais, não é como se eu tivesse bombardeado você com termos técnicos complicados. E vou lhe dizer uma coisa: existem algumas bizarrices e inconsistências no vocabulário técnico.

– Fiquei curioso. Pode me dar um exemplo?

– O alabastro do Período Micênico é um vaso achatado e arredondado, como um pão de forma redondo, no qual os gregos guardavam cremes e cosméticos (figura 1). No Período Clássico o alabastro muda, fica mais estreito e delicado. Lembra mais um tubo de ensaio que serve para guardar óleos e essências (figura 2). O *exaleiptron* é um recipiente peculiar da Antiguidade clássica. É achatado e arredondado como os alabastros micênicos, mas tem a borda virada para dentro, para evitar que derrame o líquido (figura 3). Antigamente era chamado de *kothon*. Quando os *exaleiptron* têm pé, são chamados de *plemochoen* (figura 4). Há vasos que parecem cálices largos com alças na borda e que servem para beber vinho. São os escifos (figura 5). Existiam vários tipos de escifos. Um deles se chamava escifo tipo bolsal (figura 6). Os dois primeiros tipos de escifo foram descritos muitos anos antes dos outros. Um foi encontrado em Bolonha, e o outro, em Salônica. Ou seja, *Bol*-onha e *Sal*-ônica... Bolsal! Outro tipo de escifo se chama CHC (figura 7), porque costumava ter ilustrações de carruagem, que em inglês é *chariot*, ou cenas de flertes, em inglês, *courting*. Pegaram o CH de *chariots* e o C de *courting* e chamaram esse tipo de escifo de CHC. O escifo e o *kotyle* são basicamente o mesmo tipo de recipiente.

– Não entendi nada!

– Calma, porque piora. Vamos ver os termos específicos para as armas. Um escudo, por exemplo (figura 8), nunca é um simples escudo. É um hoplo ou um aspis. A parte interna onde você coloca o braço para segurar o escudo se chama *ochanon*. A borda externa se chamava *antyga*. Nos capacetes a confusão é total. O capacete ilírico não era sequer ilírico (figura 9).

– O que significa ilírico?

– Os ilírios eram um povo que vivia onde hoje são aproximadamente o noroeste da Grécia e o sul da Albânia. O capacete que ganhou esse nome era grego e provavelmente surgiu no sul da Grécia, de onde se espalhou para o restante do território. Os primeiros capacetes do tipo foram encontrados na região da an-

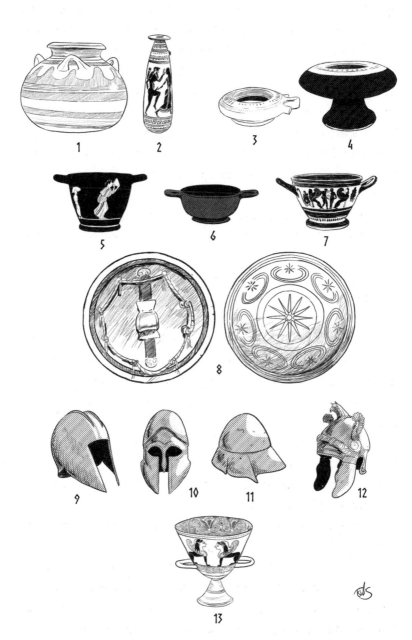

tiga Ilíria, e o nome permaneceu. O capacete coríntio, por sua vez, tem esse nome desde a Antiguidade (figura 10). Heródoto o menciona ao descrever uma batalha ritualística entre moças virgens de duas antigas tribos rivais da Líbia. Antes da batalha uma das tribos costumava vestir uma de suas moças que iriam para a luta com um capacete coríntio e uma armadura. Em seguida, colocava a menina numa carruagem para dar uma volta num lago da região. Por fim, as moças das tribos iniciavam a batalha. Os povos acreditavam que as que morriam tinham mentido sobre a virgindade.

– Hã? E o que uma coisa tem a ver com a outra?

– Nada. Só acho essa história tão bizarra que quis compartilhar com você.

– Fiquei ainda mais confuso. Fale mais dos capacetes.

– O capacete coríntio é o mais conhecido na atualidade, é o arquétipo do capacete grego antigo. Por isso ele é visto em lojas de suvenires e é usado pelo Magneto, personagem da Marvel. Mas também havia o capacete calcídico, uma variante do coríntio que tinha esse nome porque pesquisadores o viram pintado em vasos que acreditavam ser da cidade de Cálcis, embora não tenham encontrado nenhuma evidência física deles. O capacete beócio tem esse nome desde a Antiguidade (figura 11). Xenofonte o considera o melhor para os cavaleiros. O capacete ático, por sua vez, não ficou famoso na época (figura 12), mas o exército romano o copiou séculos depois.

– Sei que estou sendo repetitivo, mas você vai acabar fritando o meu cérebro.

– Vamos voltar aos vasos, então. Existe uma categoria de vasos antigos que chamamos de vasos Milos, que têm esse nome porque foram encontrados primeiro na cidade de Milos. Mas hoje sabemos que eles vêm de Paros. É o que acontece também com um tipo muito especial de vaso de argila excepcionalmente limpa e pura, fina como cristal, denominada naucrática, porque foi descoberta na região de Náucratis, centro comercial grego no Egito fundado com a permissão do faraó. Mas hoje sabemos que eles foram criados na ilha de Chios (figura 13).

– Então vocês mandam o termo técnico anterior para o espaço quando convém.

– Ainda não acabei! Tempos depois, ainda na Antiguidade, havia pequenos recipientes usados para guardar perfumes e óleos aromáticos. São muito comuns nos túmulos a partir do Período Helenístico em diante. No passado chamávamos esses recipientes de lacrimatórios.

– Eles guardavam as lágrimas dos parentes do falecido?

– Sim, também eram muito comuns no Período Romano.

– Meu Deus!

– Temos também o cíato, uma concha metálica usada a partir do Período Clássico para tirar o vinho da cratera e servi-lo no cílice, escifo ou *kotyle*. O coador era chamado de *ethmos*; os gregos antigos adicionavam diversas ervas e temperos ao vinho para dar sabor, mas coavam antes de beber. O brinco é chamado de *enotion*, "pendente de orelha"; o medalhão é *periapton*, "joia pendurada"; o encosto da cadeira é *ereisinoton*, "apoio"; o braço da cadeira é chamado de *ereisicheira*, apoio de braço. Todas essas são palavras gregas antigas. Ufa... é melhor eu parar por aqui.

– Que bom! Se você fosse um guia de museu eu já teria ido embora!

– Vamos em frente. Estamos chegando na melhor parte.

– Qual?

– Já viu o filme *300*? A frase "ISTO É ESPARTA" lhe diz alguma coisa?

# 8

## AS GUERRAS MÉDICAS

– Era uma vez um império que surgiu na Mesopotâmia, região do planeta que havia sido o lar de diversos reinos e impérios ao longo dos séculos. Os medos e os persas, povos da mesma linhagem, fundaram outro império em solo mesopotâmico, e ele cresceu como nenhum outro tinha feito até então no mundo inteiro.

– Ué, estamos voltando no tempo? Não podemos ir direto ao ponto?

– Calma. Se você não souber contra quem os gregos lutaram nas Guerras Médicas, como vai entender a importância da vitória?

– Ah, calma aí! O Império Persa era uma sociedade bárbara que só queria conquistar territórios.

– E você acha que era só isso? Claro que a sociedade persa era cruel, e claro que eles queriam conquistar territórios, mas isso também vale para civilizações anteriores e posteriores aos persas. Por outro lado, os persas detinham a infraestrutura e o conhecimento necessários para construir uma estrutura de Estado impressionante. Conseguiram unir centenas de povos, e para isso ofereciam liberdade religiosa. Também apoiaram e desenvolveram as artes. Em pouco tempo a Pérsia se tornou um superpotência e dominou todo o Oriente Médio, inclusive a Ásia Menor. Os gregos que viviam na região sucumbiram à devastadora onda persa. Mas em dado momento as cidades gregas se rebelaram e enviaram um pedido de ajuda à Grécia Continental.

– Calma aí. As Guerras Médicas não aconteceram na Grécia?

– Ainda não chegamos nas Guerras Médicas. Ainda estou na Revolta Jônica. A maioria das cidades gregas teve medo ou não quis ajudar. Apenas Erétria e Atenas apoiaram os gregos da Ásia Menor. A revolta de 492 a.C. fracassou. Os persas assumiram o controle das cidades da Ásia Menor, mas quiseram punir Atenas e Erétria por enviar ajuda aos povos gregos. Assim começou a primeira Guerra Médica. Em 490 a.C., dois anos após a Revolta Jônica, a Pérsia ataca a Erétria e destrói a cidade. De lá, navega em direção à Ática, do outro lado do golfo de Eubeia. A frota persa ocupa Maratona e começa a descarregar um exército que a Grécia nunca tinha visto.

– Os gregos não se uniram contra os persas?

– Ainda não! Os atenienses enviaram um pedido de ajuda. Em poucos dias um corredor chamado Fidípides percorreu mais de 200 quilômetros até Esparta para pedir ajuda, mas foi em vão, pois os espartanos eram supersticiosos e acharam melhor esperar até o fim da Lua cheia para enviar o exército em defesa de Atenas.

– O coitado correu tanto à toa.

– Reza a lenda que no caminho Fidípides parou para descansar sob um carvalho ao pé do monte Pentélico, e lá aconteceu um pequeno milagre. Um deus menor decidiu ajudar os gregos. Pã apareceu para o corredor e garantiu que ajudaria os atenienses se eles o venerassem. Fidípides levou a mensagem a Atenas. Os atenienses prometeram adorar a Pã.

– E os atenienses receberam ajuda?

– Não receberam nem dos espartanos nem dos outros povos gregos, com a exceção do povo de Plateias, que só enviou mil homens. Veja bem, Atenas perigava passar por uma verdadeira catástrofe. Todo cidadão apto a lutar pela cidadezinha que anos antes havia assumido as rédeas do próprio destino foi convocado a provar para o mundo que a democracia funcionava e era capaz de enfrentar um império imenso. Os jovens atenienses que se reuniram em Maratona para combater as hordas persas viram a fumaça de Erétria do outro lado do golfo e souberam que sua hora havia chegado. Os atenienses tinham de 9 mil a 10 mil hoplitas. O exército persa era muito maior.

– Quantos eram?

– Segundo as estimativas, havia entre duas e dez vezes mais persas que atenienses. Os atenienses recorreram a uma estratégia: enfraqueceram o meio da falange e fortaleceram os flancos. O centro da falange ateniense recua e atrai o exército persa, e ao mesmo tempo os flancos fortalecidos avançam e conseguem "agarrar" o exército persa pelos lados, como uma pinça. Sem saber como reagir a essa estratégia inesperada, os persas perdem a batalha. Reza a lenda que Pã ficou feliz com a decisão dos atenienses de adorá-lo e teria incutido o pânico nos persas. No fim, morreram 203 gregos e 6.500 persas.

– Tive um estalo aqui: a palavra pânico vem de Pã?

– Sim. Os persas batem em retirada desordenada. Correm de volta para os navios enquanto são perseguidos pelos atenienses. Reza a lenda que um ateniense chamado Cinegiro segura um navio persa pela proa, para impedi-lo de partir. Em pânico, os persas cortam sua mão. Ele agarra a proa com a outra mão. Eles a cortam também. Ele segura o barco com os dentes. Os persas decepam sua cabeça! Após zarpar, os persas pensam: "Hum, todo o exército ateniense está em Maratona, a muitos quilômetros da cidade. Atenas está desprotegida. Vamos atacá-la." E assim eles navegam em direção a Falero, hoje Palaio Faliro, subúrbio de Atenas. Mas os soldados atenienses não eram bobos. Sabiam o que os persas estavam tramando e, apesar de exaustos, correram para chegar a Atenas a tempo.

– Como eles conseguiram? Não estavam exaustos após uma batalha cruel usando armaduras pesadas?

– Isso é o mais impressionante! Os jovens hoplitas de fato estavam exaustos, mas deixaram os feridos para trás e correram de Maratona até Atenas para salvar a cidade. Correram praticamente uma maratona inteira de armadura.

– E chegaram a tempo?

– Sim. Quando a frota persa chegou a Falero, viu os atenienses orgulhosos com seus escudos e lanças nas colinas, compreenderam que a batalha estava perdida e voltaram para a Pérsia. E foi assim, com a queda de Erétria e o triunfo de Atenas, que chegou ao fim a primeira Guerra Médica. A batalha de Maratona se tornou lendária. As gerações seguintes criaram histórias sobre esse dia. Por exemplo: deuses como Pã teriam ajudado os gregos, Teseu teria aparecido no campo de batalha. A Pérsia não lidou bem com essa enorme humilhação. Passou os dez anos seguintes se preparando e reunindo um exército, até que em 480 a.C. teve início a segunda Guerra Médica.

– Eles vieram pelo mar de novo?

– Dessa vez a Pérsia até contou com uma grande frota marítima, mas seu exército em terra era colossal, muito maior que da primeira vez. Conquistou a Trácia e a Macedônia e se achou capaz de conquistar tudo que estivesse no caminho. Mas, apesar de fingir estar ao lado dos persas, Alexandre I, rei da Macedônia, secretamente enviou informações para os gregos no sul. Amedrontadas, algumas cidades gregas se renderam antes mesmo da chegada dos persas. Até o clero de Delfos levantou a bandeira branca, seguindo a lógica de que é melhor apostar no provável vencedor e evitar correr risco.

– Então, de certa forma, o maior oráculo do mundo antigo profetizou a vitória dos invasores?

– Pois é, mas a maioria das cidades gregas ignorou a profecia e se uniu na resistência. Os espartanos, donos do exército mais poderoso, assumiram o comando. A primeira linha de defesa foi Termópilas. Não passava nem uma mosca por eles. Mas uma traição forçou os gregos a bater em retirada. Dez anos antes Atenas conseguiu se defender dos persas, mas dessa vez precisa ser evacuada e cai nas mãos dos persas, que destroem toda a cidade. Os atenienses fogem para as ilhas próximas com os pertences que conseguem levar, na condição de refugiados. A essa altura só a península do Peloponeso permanece livre, e os governantes tentam pensar numa forma de defender o istmo.

– Que sufoco! Sorte que eu sei que tudo acaba bem.

– Sabendo que os gregos são superiores no mar, o ateniense Temístocles atrai a armada persa para o estreito de Salamina, onde ocorre um combate e a armada grega mostra seu poder com as trirremes. Esses combatentes eram jovens que tinham visto suas famílias serem escorraçadas e sua cidade ser arrasada. Não tinham nada a perder, deram tudo de si e acabaram vencendo. Acontece que as trirremes são muito menores e mais manobráveis que os poderosos barcos de guerra persas. O grande imperador persa Xerxes, que havia se instalado confortavelmente no monte Egaleu para assistir à batalha naval, viu a derrota com os próprios olhos e teve que engolir.

– Sim, mas só essa vitória marítima foi suficiente?

– Com a vitória naval os gregos ganharam tempo. Sem as embarcações, o enorme exército persa não tinha como receber suprimentos. Pouco depois, o exército grego conseguiu reunir novas tropas em terra para derrotar o exército persa, na Batalha de Plateias. Derrotados, os persas voltaram para casa, mas os navios gregos os seguiram até Mícale, na costa da Ásia Menor, e os derrotaram mais uma vez.

– Como um último tapa na cara dos brutamontes.

– Ao expulsar os persas, a Grécia recuperou a autoconfiança

e o sentimento de poder e superioridade. Era o primeiro passo para o Período Clássico, um momento de esplendor. Mas você sabe o que aconteceu no Período Clássico para que seja considerado um dos momentos mais importantes da história mundial?

– Antes de você me contar, tenho uma pergunta. Você disse que Atenas foi arrasada pelos persas. Tem uma coisa que eu nunca entendi bem. Por que as cidades antigas estão sempre enterradas no subsolo? Como isso é possível?

## FAQ: POR QUE AS ANTIGUIDADES ESTÃO ENTERRADAS NO SUBSOLO?

– Essa é a pergunta que eu mais ouço, e a resposta é simples: porque as pessoas moraram nos mesmos lugares durante vários séculos.

– Ainda não entendi.

– Explico: a crosta terrestre não é fixa, o solo se move. A crosta é uma camada maleável que contém inúmeros materiais, mas vamos simplificar e dizer que ela é de pedra e terra. Em alguns lugares elas formam montanhas, em outras, planícies. É aí que entra a água, muita água, seja do mar ou dos rios e lagoas, que nos afeta muito mais. Essa água também está sempre se movimentando. A todo momento ocorrem chuvas e deslizamentos de terra, e o curso dos rios muda com o passar do tempo. Além disso temos terremotos, vulcões, marés… e tudo acontece a todo momento. Com isso, a paisagem e o solo estão sempre mudando. As camadas da crosta terrestre que se acumulam ao longo dos séculos são denominadas estratos.

– E os estratos são iguais em todos os lugares?

– Não, alguns têm só poucos centímetros de espessura, outros têm muitos metros. E ainda há um fator imprevisível e fundamental: o homem. O ser humano vive migrando e povoando lugares. Ele procura planícies ou colinas baixas, perto de fontes de água. Nessas regiões ele cava, ara, revira a terra e, acima de tudo, constrói. Há milênios o ser humano utiliza materiais orgânicos como madeira, além de tijolos e pedras, para construir sobre outros materiais orgânicos e inorgânicos. Ele adapta o terreno para satisfazer suas necessidades. Mas o homem tende a ser destrutivo: é beligerante, imprudente. Se deixa um lampião cair ou esquece uma panela de barro no fogo, pronto, ocorre um incêndio que destrói tudo. Mas a destruição também pode ser consequência de terremotos, invasões de tribos inimigas, chuvas e alagamentos... Enfim, existem milhares de razões para uma casa, um bairro ou até uma cidade inteira sumirem do mapa. E, mesmo que nada disso aconteça, o tempo passa, as construções envelhecem e desabam. Nesses casos, só nos resta nivelar o terreno e construir por cima.

– Mas nós precisamos cavar fundo para construir uma fundação segura, não?

– Antigamente a fundação não era tão profunda, mas hoje construímos prédios enormes que precisam de fundações mais fortes. Você já visitou um sítio arqueológico, viu um monte de paredes empilhadas e destruídas e teve dificuldade para entender a planta da construção antiga?

– Já!

– Pois é. Isso acontece quando vemos diversas construções no mesmo lugar. Enquanto isso, as chuvas e os deslizamentos de terra naturais ou causados pelo homem elevam o solo pouco a pouco, de forma imperceptível. Essa atividade cria os estratos, e foi assim que eles se formaram na Grécia. Mesmo cidades antigas que não são habitadas desde a Antiguidade têm estratos.

– Os estratos estão sempre a grande profundidade?

– Varia muito. A Olinto antiga ficava no topo de duas colinas e foi destruída no Período Clássico. Isso impediu o acúmulo de grandes quantidades de solo. Messene, por sua vez, foi construída na encosta de uma montanha e totalmente soterrada pela terra que descia junto com a água, por isso os arqueólogos precisaram escavar mais. Porém encontraram ruínas muito bem preservadas. Ou seja, às vezes as cidades antigas estão debaixo de toneladas de terra. Às vezes a camada é fina. E há um ou outro caso, como a Acrópole, que nunca ficou debaixo da terra.

– Por que sítios arqueológicos como a Acrópole não estavam debaixo da terra?

– Porque sempre foram usados. A Acrópole de Atenas nunca foi totalmente abandonada. Na verdade, foi destruída no século V a.C., mas foi reconstruída.

– É mesmo? Como isso aconteceu?

– Como eu falei, os persas incendiaram e destruíram Atenas em 480 a.C. Cinquenta anos depois, a Acrópole foi reconstruída do zero e até hoje é o grande símbolo do Período Clássico, e não só dele.

– Então finalmente chegamos ao Período Clássico?

– Chegamos.

– Aleluia!

# 9

## PERÍODO CLÁSSICO

– Chegamos ao momento que você mais esperava!

– O grande momento da civilização grega antiga?

– Talvez "momento" não seja a palavra mais exata, porque o Período Clássico durou mais ou menos um século e meio. É o ponto alto da civilização grega antiga, e em relação a isso todos estão de acordo.

– Por quê?

– Os estudiosos do passado e do presente entendem que as conquistas e realizações desse período não têm paralelo. E com razão.

– Isso quer dizer que a produção cultural antes ou depois do Período Clássico não atingiu o mesmo nível?

– Pelo contrário. Grande parte do que admiramos na Antiguidade surgiu antes do Período Clássico, e muita coisa aconteceu após seu fim. O Período Clássico foi aquele em que a produção cultural foi tão concentrada que nos levou a enxergar a Grécia Antiga como um caso único na história.

– Isso me soa um pouco vago. Pode ser um pouco mais específico?

– A Grécia Clássica é o período entre dois grandes acontecimentos da história mundial: as Guerras Médicas e a ascensão de Alexandre, o Grande. Em 480 a.C., as Guerras Médicas acabam, e tudo que vem depois faz parte do Período Clássico, até a morte

em 323 a.C. de Alexandre, o Grande, que mudou o mundo com suas campanhas militares.

– E o que aconteceu no Período Clássico?

– Vamos lembrar que os gregos venceram o Império Persa, o mais poderoso da história até então, e saíram da crise com outra imagem de si mesmos, cheios de autoconfiança. O orgulho criado pela vitória serviu como ambrosia para fortalecer todos os aspectos da sociedade.

– Esparta continuou sendo a cidade-estado mais importante?

– Sim, mas Atenas vinha crescendo e, após derrotar Xerxes, assumiu o protagonismo na região e começou a formar uma coalizão com diversas cidades, especialmente nas ilhas. O objetivo era evitar outra invasão persa.

– Mas eles não tinham acabado de derrotar a Pérsia?

– Verdade, mas o perigo ainda existia, e eles preferiram estar preparados. Determinaram que Delos, a ilha sagrada de Apolo, seria o centro dessa aliança, por isso chamaram a coalizão de Liga de Delos. Atenas era a líder e controlava o fundo coletivo da aliança. Na prática, Atenas não se comportava como aliada e arrancava tudo que podia das outras cidades.

– Como assim?

– Para se manter na liga, muitas cidades e ilhas precisavam pagar tributos elevados, e quando queriam sair da liga não recebiam permissão. O poderoso exército ateniense aparecia no lugar e as ameaçava. Em outras palavras, Atenas tiranizou o mar Egeu.

– Então a imagem que temos da Atenas do Período Clássico é equivocada?

– Não é equivocada, mas é tendenciosa. Nada é oito ou oitenta. E Atenas era, de fato, uma cidade impressionante.

– E quando foi a era de ouro de Péricles?

– Exatamente nesse período, Péricles de Colargo, no auge da fama e do poder, governou Atenas. Foi um político carismático que entrou para os livros de história. A mãe dele se chamava Agarista e era da família dos Alcmeônidas. Você se lembra deles?

– Não era aquela família aristocrata que expulsou os tiranos de Atenas?

– Isso. Reza a lenda que, quando estava grávida, Agarista sonhou que daria à luz um leão. Percebe a mensagem que a lenda quer transmitir?

– Ela sonhou isso mesmo?

– Vai saber. Volta e meia os poderosos espalhavam rumores do tipo para se manter na boca do povo. Péricles certamente se deu mal, porque o sonho foi interpretado como uma referência à sua deformidade. Diziam que Péricles tinha uma deformação no crânio, e em todos os bustos da época ele usava um capacete avantajado, cobrindo a parte de trás da cabeça. Seja como for, Péricles foi um gênio da política e teve um longo relacionamento com uma hetaira chamada Aspásia, que, segundo consta, era uma mulher muito instruída e inteligente e exerceu grande influência sobre ele.

– Sim, mas… uma hetaira? Então ela era uma prostituta?

– As hetairas não eram prostitutas no sentido atual. Eram mulheres solteiras, instruídas, que não queriam viver uma vida comum sendo esposas e se afastavam das normas sociais, mas por incrível que pareça eram aceitas e respeitadas nos círculos dos homens poderosos e instruídos. Como não tinham como se sustentar de outra forma, elas cobravam pelos serviços, fossem eles intelectuais ou sexuais.

– Já ouvi falar da Aspásia de Mileto. Houve outras hetairas famosas?

– Houve Friné. Essa teve uma verdadeira vida de cinema. Nasceu num vilarejo rural na Beócia, mas ainda jovem juntou os trapos e foi para a cidade grande, mais precisamente para Atenas. Consta que ela cobrava uma fortuna pela relação sexual. Até cem dias de salário por uma noite! E cobrava mais quando não ia com a cara do sujeito. Por outro lado, não cobrava nada do filósofo Diógenes, um boêmio pobre que morava num vaso de cerâmica, pois se encantou com a inteligência dele.

– Imagino que ela fosse linda!

– Sim, mas acima de tudo era autoconfiante. Certa vez, durante um festival à beira-mar, decidiu se refrescar, simplesmente tirou as roupas e entrou nua na água diante da multidão. O pintor Apeles a viu e pintou o quadro *Afrodite Anadiômene* inspirado nela. Ela também se relacionava com o escultor Praxíteles e serviu de inspiração para ele esculpir *Afrodite de Cnido*, primeira estátua de uma mulher nua da Antiguidade, que chocou a sociedade ateniense, mas ganhou fama e virou um clássico instantâneo. Em dado momento Friné chegou a ser conduzida ao Areópago, o tribunal de justiça ateniense, acusada de ser um mau exemplo para as jovens atenienses. Reza a lenda que durante o processo seu advogado rasgou o vestido de Friné e a deixou nua na frente de todos, e ela era tão bela que os jurados, maravilhados, a inocentaram imediatamente. Segundo outra versão, ela apertou a mão de cada juiz e pediu que a inocentassem, e eles concordaram.

– Só porque ela os tocou?

– Um toque era suficiente. Ela era Afrodite.

– Parece que nossos antepassados amavam a beleza. – Ele sorriu.

– Eles eram supersticiosos. Achavam que a beleza era uma bênção, e a feiura, um castigo dos deuses. Injusto, não acha? Mas isso era o de menos... os gregos tinham umas superstições muito loucas. Por exemplo, tinham um ritual de sacrifício surreal chamado bufonia, no qual um boi era morto na Acrópole. O problema é que era proibido matar bois, porque eles eram muito úteis para a agricultura e para a subsistência da população. Para contornar a proibição, alguém jogava cereais no altar da Acrópole, subia com os bois, e o primeiro que comesse os cereais era escolhido para ser sacrificado, porque estaria "roubando" o alimento oferecido aos deuses. Pra piorar, embora fosse "culpado", o boi não podia ser sacrificado aos olhos do público. Então, o que acontecia? Todo mundo ia embora da Acrópole como se não soubessem o que estava prestes a acontecer, e só um sacerdote permanecia no local, com um machado. Ele matava o boi, largava o machado perto e fugia. Quando as pessoas voltavam, viam o boi morto, mas não viam o assassino. A única pista era o machado, então o que eles faziam? Culpavam o machado! E ficava tudo bem.

– Mas que tipo de teatrinho surreal é esse? Eles sabiam o que estava acontecendo!

– Viu? Você não esperava isso do berço da democracia! Nossos antepassados eram muito supersticiosos e acreditavam que objetos inanimados tinham vontade própria e eram passíveis de punição. Da próxima vez que você tentar imprimir alguma coisa e a impressora se recusar, pense nos gregos antigos.

– Então era isso que eles faziam na Acrópole, o símbolo maior da cultura e da arquitetura grega!

– Calma, não é para tanto! A Acrópole é um monumento incrível, e de fato é considerado o grande símbolo da escultura e da arquitetura clássicas.

– Por quê?

– Atenas usou o dinheiro da Liga de Delos para "se embelezar". Péricles criou um ambicioso programa de obras, com edifícios espalhados por toda a região ática: Sunião, Elêusis, o templo de Hefesto na Ágora Antiga, etc. Toda a Ática se transformou num canteiro de obras. A parte mais importante do programa foi a reconstrução da Acrópole. Foi quando decidiram construir o insuperável Partenon, o prédio mais perfeito que já havia sido criado.

– Por que o Partenon é superior aos outros templos antigos?

– Por muitas razões. Primeiro, ele é todo de mármore, até o piso. E é mármore pentélico, de primeira qualidade, ofuscante.

– O que ele tem de tão especial? Anos atrás eu levei uns parentes australianos para a Acrópole. Olhei para o Partenon e não vi esse branco ofuscante. Me parece que com o passar dos anos o mármore ganhou um tom rosado. Por que ele não permaneceu branco?

– O mármore pentélico contém ferro, por isso essa coloração rosada que o torna ainda mais lindo. O templo de Poseidon em Sunião, por exemplo, foi construído com mármore de Agrilesa, que não contém ferro e permaneceu branco como neve. É maravilhoso: o branco faz um belo contraste com o azul do mar.

– Você está fugindo do assunto. Vamos voltar ao Partenon.

– Claro! Um outro detalhe sobre o Partenon é que ele não tem seis colunas ao longo da fachada principal, como era costume na época, mas oito, e tem 17 colunas laterais em vez de 15, como era comum. Por isso o templo era mais espaçoso que o normal.

– Não achei nada de mais.

– Ok, então talvez isto impressione você: os artesãos da época em que o Partenon foi construído originalmente sabiam que o mármore pentélico se "expande" alguns anos após a extração, por isso deixaram um espaço mínimo nos pontos em que as peças de mármore se encontravam. Assim, anos depois, quando ganhassem sua forma definitiva, as peças estariam tão coladas umas nas outras que não passaria nem ar entre elas! Na reconstrução do Partenon, quando foi preciso retirar partes das colunas que estavam exatamente no mesmo lugar desde a Antiguidade, as cavilhas de madeira que prendiam as peças ainda emanavam o odor da madeira.

– Uau!

– E tem mais. O Partenon era o único templo muito decorado da época. Todas as métopas eram preenchidas por esculturas.

– O que é uma métopa?

– Para explicar o que é uma métopa, primeiro eu vou ter que explicar o que são o lintel e o tríglifo, ok? Vamos lá. Já reparou que na entrada dos templos antigos há uma peça longa e horizontal que faz parte do acabamento superior da entrada? O nome dessa peça inteira é lintel. No começo, o lintel tinha frisos padronizados de três linhas verticais.

– Certo.

– Esses frisos eram chamados de tríglifos. Originalmente, era desse ponto que saíam as vigas de madeira que davam suporte ao teto dos primeiros templos, que também eram feitos de madeira. Depois eles passaram a construir templos de mármore, mas o padrão das três linhas permaneceu como elemento decorativo.

– E as métopas?

– A métopa é o espaço entre dois tríglifos. No começo era lisa, mas com o tempo passou a ser ornamentada também. O espaço entre as colunas às vezes ficava vazio, às vezes tinha esculturas, que contavam uma história. No Partenon havia 92 métopas. Eram incríveis e carregadas de simbolismo.

– Elas simbolizavam o quê?

– As métopas do lado leste, ou seja, da entrada principal, ilustravam a gigantomaquia, a vitória dos deuses olímpicos contra as forças primordiais no início dos tempos e do mundo. Simbolizavam a vitória da ordem e da força divina sobre o caos original. As métopas do lado sul mostravam a centauromaquia, a batalha entre humanos e centauros, ou seja, a vitória dos homens sobre as bestas primitivas, do homem civilizado contra a natureza selvagem. As métopas do lado norte ilustravam a Guerra de Troia, a primeira campanha gloriosa dos gregos, a mais lendária e mais celebrada. Por fim, as métopas do lado oeste mostravam a batalha das amazonas, quando estas saíram da Ásia para conquistar Atenas e foram derrotadas ao pé da Acrópole. Percebe como esses mitos se encaixavam perfeitamente na Pré-História real dos atenienses da época? Os avós dos atenienses que ergueram o Partenon viveram essa invasão e também se defenderam da ameaça persa.

– E essas são as esculturas mais importantes do Partenon?

– Não, essas eram só as métopas. O templo tinha muito mais coisas, esculturas muito mais importantes. Por exemplo, nos frontões.

– O que é um frontão? – perguntou ele, impaciente.

– É o espaço triangular formado pelo telhado e pela base do teto. No Partenon, o frontão do lado leste, fachada principal do templo, mostrava Atena nascendo da cabeça de Zeus. O frontão oeste mostrava a disputa entre Atena e Poseidon pela supremacia em Atenas. As esculturas eram perfeitas, com detalhes "em redondo", ou seja, também foram esculpidas nas laterais e na parte de trás, que nunca mais foram vistas após elas serem colocadas em seu lugar definitivo. Infelizmente todas essas esculturas foram bastante danificadas, e grande parte foi levada da Grécia, embora o governo tenha exigido oficialmente que as estátuas sejam devolvidas.

– Por que todo o rebuliço em torno dessas esculturas?

– Porque elas são de um período no qual a escultura estava começando a traçar novos caminhos e deixando os modelos arcaicos para trás. Isso sem contar que vinham da oficina de ninguém menos que Fídias, o grande escultor. O friso era belíssimo e enorme, uma faixa que percorria a parede interna do templo retratando as panateneias, festas em homenagem à deusa Atena. Cada figura é diferente, e todas são extremamente elaboradas. Outro ponto interessante: os templos jônicos tinham frisos, mas os dóricos não. Só que o Partenon era dórico e tinha friso. Por quê? Não se sabe. Outra inovação do Partenon! Além de tudo, cada imagem nas métopas, nos frontões e no friso é diferente! E tem mais.

– Sério?

– Acompanhe só. Todas as medidas do Partenon seguem a proporção de quatro para nove. Essa proporção se aplica, por exemplo, à largura em relação ao comprimento, à altura da fachada em relação à largura, etc. Além disso, o Partenon não tem linhas retas de verdade. Todas as linhas são de fato levemente curvadas, para que pareçam retas. Isso se deve a um fenômeno chamado êntase, que tem o objetivo de neutralizar um efeito óptico no qual as colunas retas parecem mais finas no centro. Os efeitos ópticos do Partenon foram calculados com exatidão milimétrica.

– Eles devem ter levado anos para concluir esse trabalho tão meticuloso.

– O Partenon também impressiona nesse aspecto: foi construído em apenas nove anos, mais outros seis para finalizar as decorações. Ou seja, eles demoraram quinze anos para construir o edifício mais perfeito da história. E quando digo "eles" me refiro não só a atenienses das mais diversas áreas de atuação, mas a gregos, livres ou escravizados, das mais diversas regiões, que foram para Atenas trabalhar na construção e receberam o mesmo salário diário. Animais também eram usados: sabe-se do caso de um burro que envelheceu e não aguentava mais carregar materiais de construção de um lado para outro. Quiseram aposentá-lo, mas o animal não parou de trabalhar: subia a rocha da Acrópole ao lado dos burros mais jovens, como que mostrando o caminho. Os atenienses ficaram tão comovidos que decidiram deixá-lo aos cuidados do pritaneu da cidade, uma honra simbólica reservada a filantropos, convidados oficiais e vencedores das competições esportivas. Se esse burro quisesse comer alguma coisa de uma barraca do mercado, ninguém podia impedi-lo.

– Entendi. O Partenon era o máximo. E é por isso que a Atenas do Período Clássico é tão importante?

– Que nada. O motivo principal é o nível de criatividade cultural sem precedentes alcançado na cidade.

– Pode me dar detalhes?

– O teatro deslanchou. Tragédias que ainda hoje são reverenciadas no mundo todo foram originalmente apresentadas ao pé da Acrópole. Todo ano os atenienses se reuniam num festival de primavera chamado Dionísia Urbana, em contraste com as Dionísias Rurais, que aconteciam nos vilarejos. As pessoas levavam lanche, se sentavam nas encostas ao pé da Acrópole pela manhã e ali ficavam, até a tarde, assistindo a diversas peças de teatro. No fim, precisavam escolher a melhor. A ganhadora levava um tripé.

– Que prêmio ridículo! E o que eles faziam com um tripé?

– O que os ganhadores do Oscar fazem com a estatueta hoje em dia? Eles usam de peso de porta, por acaso? A estatueta só tem valor simbólico! O mesmo valia para o tripé. O poeta podia exibi-lo orgulhosamente na Odos Tripodon, a rua dos tripés, que na época era algo como a Calçada da Fama de Hollywood.

– Onde ficava esse lugar?

– No bairro de Plaka, ao pé da Acrópole.

– Li em algum lugar que outros povos criaram peças de teatro religiosas antes de a Grécia Clássica criar suas produções.

– Isso é verdade.

– Então como podemos afirmar que o teatro nasceu na Grécia?

– Essas peças de teatro religiosas eram representações sagradas, sempre iguais, repetitivas. Em Atenas, por outro lado, nasceu o roteiro. Os espectadores não sabiam o que aconteceria na história. Talvez conhecessem o mito, mas os diálogos, o desenrolar da história, tudo era novidade para a plateia. No Período Clássico, o teatro se tornou teatro de verdade, e isso graças aos três grandes: Ésquilo, Sófocles e Eurípides.

– Por que eles eram considerados os três grandes?

– Vamos falar de cada um separadamente.

– Não, por favor! Vai ser chato!

– Garanto que não. São três personagens realmente interessantes. Ésquilo, o primeiro, era um simples trabalhador em vinhedos. Um de seus irmãos, Cinegiro, um rapaz corajoso, tinha se tornado famoso por seu ato heroico na batalha de Maratona, quando tentou segurar um navio persa.

– Ele é o cara esquartejado pelos persas?

– Isso. O outro irmão deles foi o primeiro guerreiro a atacar a armada persa na batalha naval de Salamina.

– Entendi. Uma família de respeito.

– Você também pode dizer que era uma família de heróis. Ésquilo também foi para a guerra, embora tenha tido uma participação modesta. Seu talento era outro. Reza a lenda que certa noite o deus Dionísio teria aparecido para ele num sonho e lhe pedido que escrevesse uma peça de teatro. O jovem Ésquilo acordou assustado e logo se pôs a escrever sua primeira peça, destinado a se tornar um aclamado poeta trágico.

– Ele era um poeta? Você não disse que ele escrevia peças?

– Os dramaturgos da Antiguidade eram chamados de poetas trágicos, pois escreviam tragédias em versos. Ésquilo é considerado o pai da tragédia.

– Você não tinha dito que o pai era Téspis?

– Bem observado. Mas de certo modo Ésquilo mudou as regras: criou uma expectativa no público de que cada poeta deveria apresentar uma trilogia. Foi ele também quem inseriu um segundo ator para dar agilidade à peça.

– Até então só havia um ator no palco?

– Sim, ele conversava com o coral. Ésquilo inseriu o segundo ator e tornou tudo mais interessante. Ele cuidava de cada detalhe: figurino, cenário, etc.

– Certo, já entendi que Ésquilo foi importante. E os outros dois?

– O segundo grande poeta trágico foi Sófocles. Ele deu um passo além: inseriu um terceiro ator no palco e desenvolveu mais os personagens de suas obras.

– Um terceiro ator? Aí virou aglomeração.

– Foi o poeta trágico com mais vitórias nos concursos.

– E o terceiro?

– Foi Eurípides. Ele introduziu o conceito de *Deus ex machina*. Afastou-se dos grandes heróis da mitologia, se concentrou no ser humano e explorou a psique de seus personagens. Pela primeira vez, um drama psicológico real se desenrolou diante dos olhos dos espectadores.

– Quem é *Deus ex machina*, um deus das máquinas? – Ele riu.

– Os dramas antigos têm enredos cheios de confusões e complicações... a situação só piora a cada cena. Normal, é uma tragédia, não uma comédia! Em algum momento, um deus precisava aparecer com a solução. Ele tinha que pôr fim às complicações ou dar um jeito na situação. Eurípides criou um mecanismo que possibilitava que o ator aparecesse no palco do nada, como se fosse um deus.

– Como que pendurado por um guindaste?

– Sim, de fato às vezes era pendurado, em outras ele aparecia por um alçapão. De repente o deus aparecia e dizia: "Vou arrumar essa bagunça que vocês fizeram."

– Que solução simplória. Primeiro você cria toda uma situação, depois traz um deus para consertar o estrago.

– Sim, e por isso mesmo esse método era pouco usado. Alguns espectadores mais exigentes odiavam esse recurso. Mas o público em geral costumava respirar aliviado quando o deus intervinha.

– Ah! Então na época já existiam amantes do teatro com um gosto mais refinado. Mas a Atenas do Período Clássico é considerada o ápice da cultura grega antiga só por causa do Partenon e do teatro? Não tinha mais nada?

– Você é difícil de agradar! Mas, respondendo à sua pergunta, tinha mais. Intelectuais de todas as cidades da Grécia começaram a se reunir em Atenas. Cientistas, historiadores, artistas.

– Por que em Atenas?

– Primeiro porque Atenas era uma democracia de fato. E do que uma democracia precisa? Diálogos e debates. Pela primeira vez na história, o uso criativo, persuasivo e habilidoso da palavra ganhou destaque. É o grande momento da sofística e da retórica.

– E isso só aconteceu em Atenas?

– Não *só* em Atenas, mas lá foi o ápice. Não significa que em outros lugares não tenha havido um desenvolvimento intelectual semelhante. Por exemplo, Siracusa, na Sicília, é considerada o lar de um dos fundadores da retórica, Córax.

– Por que esse nome? Córax significa "corvo", certo?

– Certo. Mas essa nem é a informação mais curiosa que temos a respeito dele. Certa vez um tal de Tísias o procurou e disse: "Professor, não tenho uma dracma sequer, mas me ensine a arte da retórica e eu lhe pagarei com o dinheiro que ganhar quando vencer meu primeiro processo." Córax aceitou e foi professor de Tísias, que nunca usou a arte da retórica num processo. Assim, Córax nunca foi pago e decidiu processar Tísias. Córax imaginou que seria pago com toda a certeza, pois se Tísias perdesse seria obrigado a pagar, e se ganhasse teria que pagar da mesma forma, pois seria a primeira quantia que receberia num processo. Tísias retrucou que não pagaria de forma alguma, pois se ganhasse precisaria respeitar a decisão do tribunal, ou seja, não pagaria uma dracma sequer. E se perdesse não pagaria a dívida, pois não teria ganhado seu primeiro processo. Os juízes não chegaram a uma decisão. Simplesmente pronunciaram a seguinte frase: "De um corvo ruim sai um ovo podre."

– E a filosofia? Tinha importância em Atenas?

– Na verdade os primeiros filósofos surgiram nas colônias. Eram filósofos da natureza, que se interessavam pelas origens do mundo e pelos aspectos da natureza. Mas agora o espírito humano passaria a lidar com todos os aspectos da vida: a natureza, o homem, a sociedade, o amor, a morte. E em que cidade grega você acha que a filosofia mais se desenvolveu no Período Clássico?

– Atenas?

– Exato. Nessa época tivemos os três grandes filósofos.

– Outro trio?

– Sócrates, Platão e Aristóteles. Um foi mestre do outro, nessa sequência.

– Ainda estou tentando gravar Ésquilo, Sófocles e Eurípides, e agora você me vem com três filósofos numa ordem específica?

– Para gravar a ordem correta é só pensar na palavra "spa", que tem as iniciais dos nomes. E no fundo a filosofia é um spa para a alma, não acha? Sócrates é o maior filósofo ateniense. Graças à sua influência sobre Platão, à influência de Platão sobre Aristóteles e à influência desses dois sobre os filósofos seguintes, podemos dizer que Sócrates foi o pai da filosofia.

– Os textos que Sócrates escreveu são tão importantes assim?

– Veja, Sócrates nunca escreveu nada. Ele era conhecido por seus discursos públicos.

– E como sabemos o que ele falou?

– Os alunos de Sócrates escreveram sobre ele, em especial Platão e Xenofonte. Mas é bem provável que a primeira pessoa que tenha pensado em escrever o que Sócrates dizia não tenha sido um aluno, e sim um sapateiro chamado Simão.

– Um sapateiro?

– Sócrates adorava conversar com jovens. Gostava do fato de eles sempre questionarem o que ouvem, não se prenderem aos costumes. O problema é que os rapazes que ainda não haviam servido o exército não podiam entrar na Ágora Antiga.

– Então na época já existia a ideia de que você só vira homem quando vai para o exército.

– Como não tinham permissão para entrar na Ágora, os jovens se reuniam nas oficinas ao redor, entre elas a de Simão. Sócrates vivia descalço, mas mesmo assim estava sempre por lá e conversava com os jovens. Simão foi o primeiro a pensar: "Nossa, como ele fala bem! Será que eu deveria anotar o que ele diz, para as futuras gerações?" E é claro que nenhum aluno de Sócrates faz referência a Simão.

– Por quê?

– Talvez por inveja, talvez por desdém. Mas textos posteriores mencionam Simão. Alguns duvidam que ele de fato tenha existido. Esse é um bom exemplo das surpresas que a arqueologia nos oferece. Durante as escavações da Ágora Antiga foi descoberta uma casa. Dentro dela encontraram ilhoses feitos de osso, pregos curtos para as solas de sapatos e o mais importante: um vaso com uma inscrição dizendo que pertencia a um tal de Simão. Ou seja: muito provavelmente era a sapataria que Sócrates frequentava.

– E por que todo esse alarde em torno de Sócrates?

– Sócrates era muito mais que um simples filósofo. Antes de tudo, era um grande guerreiro. Sei que isso não vem ao caso, mas é bom que você tenha um panorama completo da personalidade dele. Certa vez ele lutou numa batalha na qual os atenienses saíram derrotados. Xenofonte, que também era guerreiro, aluno dele e posteriormente se tornaria historiador, caiu do cavalo e se machucou. Sócrates o carregou nos ombros e o tirou do campo de batalha sem mais nenhum arranhão. Sócrates também era uma pessoa extremamente espirituosa. Certa vez um homem perguntou: "Devo me casar ou não?" Sócrates respondeu que o homem se arrependeria de qualquer decisão que tomasse. Houve uma ocasião em que ele convidou um grupo de pessoas para sua casa. Quando sua mulher soube, surtou. Eles moravam num casebre, e ela estava com vergonha de receber convidados. Tranquilo, Sócrates disse: "Se eles forem pessoas boas, não vão se incomodar com o nosso casebre. E, caso se incomodem, não precisamos nos importar com eles."

– Gostei do raciocínio!

– Mas em algum momento a inteligência e as perguntas de Sócrates começaram a incomodar atenienses importantes e ele acabou sendo julgado e condenado à morte. Um amigo lhe disse "Sua morte será injusta", ao que ele respondeu tranquilamente: "Você prefere que a minha morte seja justa?"

– Mas por que ele foi condenado?

– Por muitos motivos, e existe uma grande discussão sobre o tema, mas tenha em mente que ele sofreu não uma, mas três acusações: de Meleto e de Lícon, sobre os quais pouco sabemos, e de Ânito, sobre quem sabemos que era um curtumeiro que não gostou quando foi pressionado por Sócrates a deixar seu filho estudar.

– Ânito não queria que o filho estudasse?

– Não, queria que o menino fosse curtumeiro também, mas Sócrates ficou insistindo. Fez inimizade com as pessoas erradas e até amizade com as pessoas erradas também. Por exemplo, Sócrates foi denunciado por sua amizade com Crítias, um aventureiro que tinha se exilado mas voltou a Atenas correndo quando uma oligarquia foi instaurada na cidade e ele recebeu um cargo na Tirania dos Trinta, uma junta de homens que governaram a cidade com mão de ferro durante o período. Crítias mandava matar todos de quem não gostava, sem direito a julgamento.

– E Sócrates era amigo desse sujeito?

– Na época da Tirania dos Trinta, não. Eles romperam a amizade e cada um seguiu seu caminho. O problema é que Sócrates não tinha papas na língua e criticava os tiranos. Foi quando Crítias promulgou uma lei que proibia os jovens abaixo de 30 anos de falar com Sócrates.

– E o que Sócrates fez?

– Ele riu e disse: "Se o padeiro for jovem, então não posso comprar meu pão com ele?"

– Sócrates foi julgado pela amizade com Crítias mesmo após eles terem rompido?

– Pois é. Seja como for, os pensamentos de Sócrates tiveram grande influência sobre seus alunos, e o mais famoso deles foi Platão.

– Ok. Agora me fale sobre Platão.

– Platão era um sujeito enorme. Seu nome vem do grego *platýs*, que significa omoplata, porque tinha costas largas. Reza a lenda que, quando bebê, certa vez Platão estava dormindo no berço e abelhas pousaram em sua boca, sinal da doçura que seus lábios proporcionariam ao mundo.

– Existe um monte de lendas e histórias mirabolantes sobre a infância dos filósofos!

– Concordo. De todo modo, quando Sócrates morreu, Platão já era adulto e passou a ser considerado seu melhor aluno. Colocou Sócrates como protagonista da maioria de suas obras, que, aliás, eram diálogos, e não tratados filosóficos áridos. Também foi Platão quem fundou a primeira escola de filosofia da história, a Academia, perto de Atenas, uma região linda, repleta de oliveiras, próxima do templo do herói Academo.

– Pode resumir em palavras simples o que Platão disse em sua filosofia?

– A filosofia de Platão não é simples e não pode ser descrita em poucas palavras. Era um trabalho em progresso que foi sendo desenvolvido e alterado ao longo de sua vida.

– Então me diga o que eu preciso gravar a respeito de Platão.

– Sugiro a alegoria da caverna, onde Platão esclarece o motivo da ignorância humana e por que é tão difícil combatê-la. Também explica por que as pessoas costumam ser conservadoras e ter medo do novo.

– Me conte!

– Vamos supor que nós vivemos acorrentados juntos no fundo de uma caverna e só podemos ver a parede à nossa frente. Atrás de nós há uma fogueira. Pessoas e objetos passam na frente da fogueira, mas atrás de nós, e projetam suas sombras na parede. Ou seja, o mundo inteiro que você conhece consiste dessas sombras. Mas em dado momento alguém decide soltá-lo e tirá-lo da caverna, para que você enxergue a realidade com os próprios olhos. Como está acorrentado há muito tempo, a saída da caverna é exaustiva. Quando finalmente sai, a luz do sol ofusca sua visão. Você fica tonto. Então percebe que todas as pessoas e todos os objetos que você viu ao longo da vida e achava que eram só sombras agora estão ali, na sua frente, e você os enxerga de outra forma. Você sofre um choque e acha que enlouqueceu, a realidade é dura de engolir. Mas finalmente você a aceita e decide descer à caverna e libertar os outros que estão presos, vendo apenas as sombras, vivendo de mentiras. Você entra na caverna para contar a verdade. Como seus olhos já estão acostumados com a luz, quando você desce e entra na escuridão, não consegue enxergar nada. Você tropeça, cai no chão e rasteja. Os outros, que estão acostumados à escuridão, estão vendo seu papelão. Você diz coisas que eles não entendem, questiona a vida que levam. Eles pensam: "Quem é esse sujeito para duvidar da minha verdade?" Você não sabe o que fazer. Eles passam a ignorar ou até a odiar você. A partir desse ponto a filosofia de Platão fica complicada, então, se quiser saber mais sobre ele, sugiro mergulhar em seus textos filosóficos.

– Vamos para o próximo?

– Vamos. O terceiro filósofo foi Aristóteles.

– Ele era parecido com os outros dois?

– Não exatamente. Aristóteles era de Estagira, uma colônia de Andros, onde hoje é a região central da Macedônia. Ficou órfão cedo, mas vinha de uma família rica e foi estudar na Academia de Platão. Quando Platão morreu, Aristóteles não foi escolhido para sucedê-lo na Academia, mas recebeu uma extraordinária proposta de trabalho de Filipe II, rei da Macedônia: construir uma "escola privada" para o herdeiro do trono macedônio, um tal de Alexandre.

– Ele aceitou?

– Sim, e em retribuição Filipe reconstruiu a cidade natal de Aristóteles, que os próprios macedônios haviam destruído.

– Então Aristóteles fundou uma "escola" com um único aluno?

– A escola foi construída para Alexandre, mas ele não era o único aluno. Os filhos da aristocracia macedônia também estudavam lá. Quando essa geração, que deveria dominar o mundo sob o comando de Alexandre, o Grande, terminou os estudos, Aristóteles fechou a escola na Macedônia e abriu outra, para uma clientela mais ampla, no Liceu, em Atenas. Aristóteles dava aula sobre todos os assuntos: filosofia, zoologia, botânica, ciência política, poesia, música, teatro. Podemos dizer que Aristóteles foi o primeiro erudito. Mas infelizmente a maioria de suas obras se perdeu, e a maior parte do que chegou a nós são suas anotações para as aulas que dava no Liceu.

– Isso está virando uma aula de filosofia. Podemos voltar para a arqueologia?

– Já, já eu volto ao assunto principal. O Período Clássico trouxe muitas grandes mudanças na arte, sobretudo na escultura. As estátuas do Período Arcaico tinham um sorriso quase irônico, que dá lugar a um olhar sério. É o chamado estilo severo. Mas não foi só isso que mudou.

– O que mais mudou?

– No geral, a arte grega arcaica era bastante conservadora, mas se modificava e se desenvolvia mais ou menos a cada 25 anos.

– Por que a cada 25 anos?

– Simples: cada geração tentava superar a anterior, mas mantinha o que agradava. No campo da escultura, as estátuas do Período Clássico se livram das formas e dos padrões estereotipados do Período Arcaico. Surge a noção de *contrapposto*.

– Lá vem você de novo com essas palavras difíceis.

– *Contrapposto* significa "posição oposta". Se você prestar atenção nas estátuas arcaicas, vai perceber que elas estão numa pose rígida, parada. A partir do *contrapposto*, a estátua não dá mais a impressão de estar travada numa posição artificial. Agora o escultor coloca o peso do corpo em um dos pés, relaxa o outro, gira levemente os ombros e os quadris, e cada metade do corpo está numa pose contrária em relação à outra, como ficamos numa fila de banco, por exemplo. Ou seja, é uma posição bastante natural. O artista passa a fazer o que quer com o corpo. Um exemplo é o escultor arcaico Ageladas. *Ageláda* significa vaca.

– Isso é sério? Esse era mesmo o nome dele?

– Pois é, ele tinha um nome infeliz, mas era um escultor extraordinário. Lamentavelmente nenhuma obra dele chegou a nós. Era um escultor "arcaico", mas todos os seus alunos pertencem ao Período Clássico. Os mais famosos foram Fídias, que fez as esculturas do Partenon; Míron, que criou o famoso *Discóbolo*, o atleta girando no momento em que se prepara para lançar o disco; e Policleto, que fez *Doríforo*, escultura de um homem segurando uma lança, que foi copiada centenas de vezes e considerada o modelo para as proporções ideais do corpo humano. Aliás, Policleto escreveu um texto sobre isso, que infelizmente também não chegou a nós. Policleto, o Jovem, que construiu o famoso teatro em Epidauro, talvez tenha sido seu filho. Na época muitos arquitetos escreviam sobre suas obras. Por exemplo, um tal de Teodoro escreveu sobre o misterioso tolo circular que construiu em Delfos.

– O que é um tolo?

– É um monumento religioso em formato circular.

– E o texto de Teodoro sobreviveu?

– Infelizmente também se perdeu.

– E não sabemos por que ele construiu o tolo?

– Não. Em Epidauro existe um edifício circular semelhante. Foi construído por Policleto, o Jovem, que, como eu disse, também construiu o teatro. Não sabemos muito sobre a finalidade dessa outra construção.

– E eles continuaram construindo tudo com essas colunas clássicas?

– Não chamamos de "colunas clássicas".

– Quer dizer, colunas dóricas e jônicas.

– Em geral, sim, mas no Período Clássico surgiu o terceiro grande estilo da Antiguidade, o coríntio. Reza a lenda que o escultor Calímaco estava passeando pelos arredores de Corinto quando viu o túmulo de uma menina...

– Calma aí! Ele estava passeando num cemitério? Que tipo de gente faz isso?

– Na Antiguidade os cemitérios ficavam fora da cidade por causa das doenças infecciosas, que eram muito comuns na época. Além disso, a morte era associada à contaminação e dava mau agouro. O mundo dos vivos precisava se manter distante do mundo dos mortos. Por outro lado, os mortos eram antepassados e parentes dos vivos, mereciam as devidas homenagens. Então, em geral eram enterrados nas ruas que davam acesso à cidade. Por isso existem tantas lápides com inscrições que se dirigem a quem está passando perto. Durante as guerras, se um lado queria dar um golpe realmente baixo, destruía o cemitério do inimigo ou levava os mortos para outro lugar. Foi o que os atenienses fizeram em Delos, por exemplo. Mas isso era considerado um sacrilégio terrível, por isso era raro.

– Fiquei arrepiado! Vamos voltar ao passeio de Calímaco por Corinto.

– Em dado momento Calímaco viu o túmulo de uma menina e, em cima dele, um cesto de palha com brinquedos e objetos pessoais da menina. O cesto nitidamente já estava ali havia anos e tinha sido tomado pela natureza, com folhagens e galhos por todos os lados. A imagem teria inspirado Calímaco a criar o capitel mais elaborado de toda a Antiguidade, o coríntio.

– Então, se eu entendi bem, a Grécia Antiga se desenvolveu de forma impressionante após uma grande guerra.

– Pois é. Nos primeiros cinquenta anos após as Guerras Médicas, a arte, a ciência e o comércio tiveram um desenvolvimento vertiginoso. E o que acontece quando tantos caminhos se abrem no pensamento, nas artes e nas diversas áreas das ciências humanas?

– O quê?

– Uma guerra civil!

– Você está brincando comigo!

– Nem um pouco! A ascensão de Atenas alarmou Esparta e seus aliados, e assim começou a Guerra do Peloponeso, que durou 27 anos e foi tão marcante e importante que obrigou o resto da Grécia a escolher um lado.

– E quem ganhou essa guerra?

– Esparta.

– Como foi que a grandiosa Atenas, liderada por Péricles, dona de uma armada e uma aliança tão poderosa com outras cidades-estados, perdeu a guerra?

– Péricles morreu durante o grande surto de peste que assolou Atenas nos primeiros anos de guerra. A cidade caiu de joelhos. E, apesar de ter se recuperado e dar a impressão de que ganharia a guerra em alguns momentos, ao fim Atenas foi derrotada, e a aliança foi dissolvida. A democracia foi substituída pelo governo autoritário da Tirania dos Trinta, que executavam os democratas e eliminavam qualquer um que discordasse deles.

– Nossa! E a tirania durou muito tempo?

– Felizmente, não! Os atenienses não aguentaram viver sob um governo com características de ditadura. Após alguns meses o povo se rebelou, expulsou os tiranos e reinstaurou a democracia. Aos poucos Atenas começou a se recuperar e curar suas feridas sociais e de guerra. Os arqueólogos encontraram um verdadeiro diamante desse período: uma lápide que foi conservada e tem a imagem gravada de um cavaleiro matando um inimigo.

– Como a de São Jorge?

– Parecida. O tema do cavaleiro assassino se repete até a era cristã.

– Mas essa lápide só é interessante por isso?

– Não só por isso. Ela pertence a um rapaz chamado Dexíleos, um cavaleiro de apenas 28 anos morto em combate na cidade de Corinto. Essa lápide é a única que ficou conservada da Atenas Antiga na qual registraram os anos de nascimento e morte do falecido.

– Eles não costumavam fazer isso?

– Não.

– E por que gravaram os anos de nascimento e morte na lápide de Dexíleos?

– Porque ele havia morrido poucos anos após o fim da Tirania dos Trinta. E claro que esses tiranos não eram pescadores, camponeses ou artesãos. Eram aristocratas, tinham dinheiro para ter cavalos de guerra. A família do jovem morto queria mostrar que o rapaz tinha só 11 anos quando a junta tomou o poder. Portanto, não era responsável pelos danos causados pelos aristocratas.

– E o que aconteceu após o fim da guerra civil?

– O fim da Guerra do Peloponeso se dá junto com o fim do glorioso século V a.C. Atenas lambeu suas feridas e a Grécia como um todo estava exausta. Esparta achava que havia recuperado a posição de comando das cidades gregas, mas a arrogância também lhe subiu à cabeça. Foi quando uma outra cidade surpreendeu: Tebas teve a sorte de ser a cidade natal de dois generais muito inteligentes: Epaminondas e Pelópidas. Foi assim que a até então provinciana Tebas formou um exército e se tornou a cidade-estado mais poderosa da Grécia, embora isso tenha durado poucos anos.

– É aquela história do azarão que vence na vida?

– Não só venceu como conseguiu o impossível: derrotou Esparta! Foi a primeira vez que Esparta, a única cidade grega não protegida por muros, se viu em perigo.

– Esparta não tinha muros?

– Por que teria? Esparta tinha os guerreiros espartanos para se defender! O exército tebano nunca chegou a de fato entrar na cidade, mas Esparta perdeu o controle sobre o Peloponeso. A Messênia e a Arcádia, que estavam há séculos sob o governo de Esparta, alcançaram a independência e ganharam novas capitais, Messene e Megalópolis, respectivamente. Mas quando Tebas perdeu sua dupla imbatível, Epaminondas e Pelópidas, perdeu junto o poder de decisão sobre os rumos da Grécia.

– E qual cidade passou a ter supremacia na região?

– Nesse período Atenas estava tentando se recuperar e formou uma nova aliança com quase todo o mar Egeu, mas dessa vez tentou ser mais discreta e um pouco menos opressiva com os aliados, para não irritá-los e para evitar que eles abandonassem o navio. Apesar disso, Atenas nunca mais teve o poder de antes.

– Imagino que com todas essas guerras eles tenham parado de criar a cultura magnífica de antes, não é?

– Que nada! O desenvolvimento artístico se manteve, apesar de tudo. O filosófico e o científico também. A Guerra do Peloponeso foi mais ou menos uma miniguerra mundial, mas não é como se esses povos vivessem em paz uns com os outros antes disso. Sempre houve conflitos, batalhas, guerras, mas as artes e a ciência nunca deixaram de evoluir.

– Está tudo muito legal, mas esse é o problema de vocês, arqueólogos e historiadores: vocês vêm com esse monte de conceitos e análises sobre arte e ciência, mas cadê o ser humano?

– O ser humano está no meio de tudo que eu falei.

– Mas você só fala sobre a história e a cultura! Como eram as pessoas dessa época?

– Você precisa aprender a prestar atenção nos detalhes para ver as pessoas vivendo uma vida cheia de alegrias, felicidades, medos, dores e ameaças até mesmo no dia a dia! Veja, por exemplo, os discursos jurídicos do Pseudo-Demóstenes de Atenas nesse período.

– Que discursos jurídicos? De que período você está falando? E quem é Demóstenes?

– Estou falando do período após a Guerra do Peloponeso. Os discursos jurídicos eram processos que os cidadãos atenienses levavam ao tribunal. Demóstenes era um famoso orador e político. Descobrimos que alguns discursos que chegaram a nós e são atribuídos a ele na verdade não são dele. É por isso que falamos em Pseudo-Demóstenes.

– E por que pensaram inicialmente que seriam dele?

– Porque eram incríveis! Um desses conta uma história envolvendo um homem escravizado, uma prostituta e um cidadão.

– O cidadão era dono do homem?

– Que nada, era pai do cidadão! Pásion era um estrangeiro, talvez da Síria ou de alguma região próxima. Pertencia a dois atenienses que eram donos de um pequeno banco no Pireu. Pásion trabalhava tão bem e fazia tanto pelo desenvolvimento do banco que seus donos decidiram libertá-lo. E foram além: quando se retiraram do negócio, entregaram o comando do banco a Pásion. O homem escravizado tinha uma esposa, Archippe, que era tão trabalhadora e competente quanto o marido, e juntos eles transformaram o banco no mais importante de Atenas. Também fundaram uma fábrica de escudos e, certa vez, quando Atenas foi atacada, deram mil escudos e um navio de guerra inteiro à cidade! Por causa da doação, Atenas concedeu a Pásion o título de cidadão emérito da cidade e deu cidadania ateniense aos dois filhos dele com Archippe.

– E o que aconteceu com ela?

– Provavelmente nunca se tornou cidadã. Mulheres não tinham direitos políticos na Atenas antiga. Pásion morreu perto dos 60 anos, mas não legou sua empresa a seu filho mais velho de 24 anos, Apolodoro. Em vez disso, entregou-a a outro ex-escravizado, Phormio, que acabou se casando com a viúva Archippe e se tornou tutor do outro filho, que ainda não era adulto. Os três comandaram o banco.

– Apolodoro ficou de fora?

– Sim, e apesar de ter uma boa situação financeira e ter se casado com uma ateniense rica da alta sociedade, ele não sossegou e levou Phormio ao tribunal, mas perdeu. Agora vamos para Corinto, onde no mesmo período vivia uma prostituta chamada Neera.

– Por que você está pulando de uma história para outra?

– Calma. Foi você quem pediu histórias sobre pessoas, lembra? Bom, Neera provavelmente era uma órfã e entrou para o bordel de uma cafetina de Corinto que dizia que as meninas eram suas filhas para poder exigir mais dinheiro dos clientes. Ao longo dos anos uma mulher chamada Nicareta passou a levar Neera em passeios pela rica cidade de Atenas. Lá, Nicareta conheceu Frinion, que se apaixonou por Neera. Mas, quando Neera voltou para Corinto, descobriu que Nicareta a vendera a dois amigos. Um deles morava na casa da mãe, e eles concordaram que Neera moraria na casa do outro. Em dado momento os rapazes decidiram dar um jeito na vida e sugeriram a Neera que comprasse a própria liberdade.

– E ela podia fazer isso? Não era caro?

– Neera não tinha dinheiro, então pediu ajuda a Frinion, que a ajudou: comprou sua liberdade e a levou para Atenas, onde ela o acompanhava em suas libertinagens. Em algum momento, Neera fugiu para Mégara, onde conheceu Estéfano. E parece que ele também se apaixonou por ela.

– E aí?

– Eles voltaram para Atenas, e seu ex-marido, Frinion, fica sabendo e tenta sequestrá-la, mas Estéfano o impede. O caso é levado ao tribunal, e os juízes tomam uma decisão surpreendente: decidem que Neera não pertencia a ninguém e era dona de si. Foi um caso revolucionário para a Atenas da época.

– Então no final deu tudo certo?

– De jeito nenhum! Estéfano era um pé-rapado, um imprestável preguiçoso. Neera foi obrigada a voltar para a vida de prostituta para alimentar os filhos.

– Os filhos dele ou dela?

– Não sabemos. Mas veja como o mundo dá voltas. Nesse momento as duas histórias convergem: Estéfano aparece como testemunha no processo movido por Apolodoro, filho do ex-escravizado que havia enriquecido, contra Phormio, que havia herdado os bens de Pásion. Estéfano foi testemunha de Phormio, que venceu o processo, o que deixou Apolodoro furioso. Além de tudo, Apolodoro e Estéfano eram de partidos políticos rivais. Com um histórico desses, Apolodoro quis se vingar de Estéfano.

– Esse Apolodoro era um brigão, hein?

– Veja a situação do sujeito: não herdou o banco do pai e não teve o apoio da mãe nem do irmão.

– E Apolodoro consegue se vingar de Estéfano?

– Tentou se vingar indiretamente, atacando a reputação de Neera. Houve um julgamento muito famoso no qual Apolodoro, após abrir um processo contra Neera, expôs toda a vida de prostituição dela diante do júri. Na época Neera tinha mais de

50 anos e compareceu ao tribunal, mas, por ser mulher, não tinha direito de falar. Ficou sentada, correndo o risco de perder tudo e ser vendida novamente como escravizada.

– Ela foi inocentada?

– Não sabemos.

– "Não sabemos"? Como assim?

– Assim é a Antiguidade! Não temos muitas peças do quebra-cabeça. É por isso que ela estimula nossa imaginação.

– Essa história que você contou tem um roteiro chocante, cheio de reviravoltas.

– E é bem provável que Apolodoro tenha perdido o processo, pois já havia perdido outros antes. Só nos resta torcer para Neera ter sido inocentada. Como você vê, em meio a grandes acontecimentos históricos encontramos histórias das vidas de pessoas comuns.

– Certo. Então nessa época Atenas estava enfraquecida, Esparta também, e Tebas fez uma graça e sumiu. Quem assume as rédeas do mundo grego?

– No meio do século IV a.C. chegou o momento da ascensão de outra potência: a Macedônia.

– A Macedônia também era uma cidade-estado?

– Os gregos do norte não tinham cidades-estados, e sim reinos. A maior parte do território ao norte era ocupada pelos reinos de Épiro, da Tessália e da Macedônia. A Macedônia era um reino pequeno que vivia levando pancada dos outros. Durante a Guerra do Peloponeso, Atenas e Esparta a invadiam para obter madeira e outras matérias-primas úteis para as embarcações e outros fins. A Macedônia também foi invadida pelos trácios, pelos ilírios, pelos povos balcânicos e até pelos tebanos.

– Então a Macedônia era um zero à esquerda até o Período Clássico?

– Pelo contrário, era muito importante! Em certos momentos

teve reis competentes que fortaleceram o reinado. O mais importante foi Arquelau, que transferiu a capital de Aigai para Pela. Mas após o reinado de Arquelau veio um período difícil, no qual os vizinhos fizeram gato-sapato da Macedônia, até que Filipe II chegou ao poder e assumiu um trono literalmente em ruínas. Em poucos anos, não só fez renascer o reino moribundo como o fortaleceu a ponto de dominar todos os outros. Como sempre, quando surge uma grande potência na Grécia, os outros se aliam contra ela. Em 338 a.C., a última coalizão contra Filipe entrou em confronto com a Macedônia em Queroneia, na Beócia. Mas graças ao jovem Alexandre, filho de Filipe, príncipe da Macedônia e comandante da cavalaria, os macedônios venceram de forma esmagadora. Sob o comando de Alexandre, a Grécia expandiu suas fronteiras. Assim chegava ao fim o Período Clássico e começava o Período Helenístico.

– Então o Período Clássico começa com a vitória dos gregos nas Guerras Médicas e termina com o domínio da Macedônia sobre o território grego.

– Isso! E o que aconteceu no Período Clássico?

– O desenvolvimento da cultura e das artes, além, claro, da terrível Guerra do Peloponeso.

– Muito bem! Agora vou lhe dizer uma coisa que vai fazer você perceber como a história da cultura e a história da guerra estão relacionadas. Você se lembra dos três grandes poetas trágicos, Ésquilo, Sófocles e Eurípides? Graças a um capricho do destino, esses três artistas incríveis se estendem por todo o Período Clássico. Antes de tudo, eles representam a arte superior da época: teatro, retórica, filosofia, reflexão. Além disso, Ésquilo está ligado aos persas do início do período, Sófocles está ligado à Guerra do Peloponeso no meio do período, e Eurípides está ligado ao novo poder emergente, o reino da Macedônia, no fim do período.

– Eles estão ligados em que sentido?

– Ésquilo morre num infeliz acidente na antiga colônia de Gela, no sul da Itália. Reza a lenda que uma águia teria capturado uma tartaruga e a largado do alto, acertando a careca de Ésquilo. A única coisa que ele queria que estivesse gravada em sua lápide era que tinha lutado na Batalha de Maratona, assim como seus irmãos, e que tinha defendido sua terra natal contra a invasão persa, a invasão que marcou o início da Grécia clássica. Ésquilo chegou a escrever uma tragédia sobre o tema, chamada *Os persas*. Essa tragédia representa a primeira vitória de Ésquilo nos concursos trágicos, e quem o patrocinou foi o então jovem Péricles, que comandaria Atenas anos depois. Já Sófocles morreu durante a Guerra do Peloponeso. Reza a lenda que morreu ou engasgado com uma uva ou tentando recitar um verso longo de sua peça *Antígona*, de um só fôlego. Quando morreu, Atenas estava sitiada pelo exército espartano. Os cemitérios ficavam fora da cidade, e os atenienses estavam encurralados dentro dos muros da cidade. Quando os espartanos souberam da morte de Sófocles, aceitaram fazer um cessar-fogo para permitir o enterro do famoso poeta.

– Então a cultura conseguiu interromper a guerra, mesmo que só por um dia?

– Sim. E reza a lenda que Eurípides nasceu no dia da Batalha de Salamina. Dos três, foi o que escreveu os dramas mais humanos. Em dado momento deixou Atenas, porque não aguentava mais seus conterrâneos. Sinceramente, pelo jeito ele era meio misantropo. Seja como for, ele decidiu ir para Pela, onde passou os últimos anos de vida na corte do rei Arquelau, que era grande amigo das artes e reuniu o *crème de la crème* da época na Macedônia. Para homenageá-lo, Eurípides escreveu a tragédia *Arquelau*, e foi na Macedônia que ele teve a inspiração de escrever a tragédia *As bacantes*. Morreu devorado por cães durante um passeio no campo, "permanecendo para sempre na Macedônia" que o recebera de braços abertos. A Macedônia, por sua vez, passou a ser liderada por Alexandre, que difundiu a cultura grega pelo mundo todo. Assim termina o Período Clássico e começa o Período Helenístico.

– Posso fazer uma pergunta? Se vocês encontrassem o túmulo de Alexandre, o Grande, ele seria considerado o achado arqueológico mais importante de todos os tempos?

– Eu já devia esperar por essa pergunta. Vamos falar sobre o que é um achado importante para um arqueólogo.

---

## FAQ: QUAL É O ACHADO ARQUEOLÓGICO MAIS IMPORTANTE EM UMA ESCAVAÇÃO?

---

– Logo de cara vou dizer que não existe um objeto específico mais importante. O achado mais importante, e o que nos dá as informações mais importantes que nos ajudam a interpretar todo o resto, é a estratigrafia.

– O que é isso?

– Conforme já conversamos, um sítio arqueológico costuma estar soterrado por várias camadas de terra que vão se acumulando ao longo dos séculos. A pesquisa dessas camadas é fundamental para descobrir respostas para diversas perguntas importantes: por quantos anos o sítio foi habitado? Em que época? Ele foi habitado em épocas pré-históricas? Foi abandonado e repovoado no Período Clássico? Ou só durante o Império Romano? O que há em cada estrato? Quando esse muro foi erguido? Quando caiu? Quando surgiu esse buraco? O que havia dentro dele? Quando foi tapado? A estratigrafia se baseia em evidências para responder a essas perguntas. É possível classificar temporalmente todos os achados de um sítio arqueológico. A datação de um vaso ou de uma estátua é precisa. As evidências oferecidas pelos estratos são suficientes.

– Então é simples!

– A estratigrafia não tem nada de simples, mas a lógica por trás dela é simples. Imagine três livros numa mesa. O de baixo é o primeiro a ser colocado na mesa. Logo, é o "mais velho". O livro de cima é o "mais jovem". O livro do meio é mais jovem que o livro de baixo, mas é mais velho que o de cima. Essa lógica se aplica às camadas de terra. Na prática nunca é tão fácil, porque não estamos falando só de três camadas, mas de dezenas, centenas, e nem sempre elas estão distribuídas uniformemente nos sítios arqueológicos. Muitas vezes é difícil distinguir uma camada de outra. E sempre há uma grande chance de que ao longo do tempo pessoas tenham cavado, por exemplo, para fazer um poço ou um fosso. O buraco é tapado com materiais "mais novos", que se juntam a estratos mais fundos e antigos, misturando tudo.

– E como vocês diferenciam os estratos remexidos?

– Estudando com todo o cuidado. Um arqueólogo competente sabe diferenciar as camadas remexidas e identificar quaisquer alterações que elas possam ter sofrido. Poços, buracos de estacas usadas para construir uma cabana, montar uma barraca, etc.

– Não existe o risco de vocês deixarem algo passar despercebido, confundir as camadas?

– Sim, e esse perigo é grande. É por isso que precisamos trabalhar com muita cautela na escavação. Lembra bastante uma cirurgia. Todo cuidado é pouco para trazer à luz o que está debaixo da terra. Escavações ilegais têm um efeito mais destrutivo do que você imagina. É como se você fosse comer um bolo com várias camadas e enfiasse um garfo de cima a baixo. As camadas vão acabar se misturando, e não conseguimos obter muitas informações sobre a Antiguidade. Porém, quando as camadas estão intocadas, conseguimos datar tudo que encontramos.

– Pode me dar um exemplo?

– Vou dar um exemplo simples: você encontra cinco camadas na escavação. Na primeira, descobre vasos do Período Bizantino, na segunda encontra uma inscrição romana, na terceira encontra vasos do Período Helenístico, na quarta encontra vasos de figuras negras do Período Clássico e na quinta, vasos do Período Micênico. Ou seja, você tem um sítio arqueológico que vai do Período Micênico ao Bizantino. Com base nessa descoberta, se você encontrar uma chave ou um capacete em determinada camada, vai saber a que época pertence.

– Eu achava que os arqueólogos cavassem para encontrar coisas.

– Nós queremos encontrar coisas, sim, mas não só isso. Numa escavação, não buscamos o achado mais impressionante ou a escultura mais bela. É claro que quando nos deparamos com esse tipo de achado ficamos felizes, mas esse não é o nosso objetivo. Não estamos procurando obras de arte. Queremos algo que vai muito além de objetos: respostas para as nossas perguntas.

– Isso quer dizer que, quando vocês não acham nada, não tem importância?

– Se você não acha nada no centro de uma grande cidade antiga, isso também é informação. Será que é um centro, um bairro comercial? Nunca construíram nada no local? Por que deixaram uma área pública sem construção? Será que em algum momento houve construções mas elas não resistiram ao tempo? Encontramos bancos de madeira? Onde as pessoas vendiam frutas e legumes? Elas se reuniam em algum lugar para dançar? A ausência de achados não é a ausência de perguntas, respostas e conclusões. Ou seja, se achássemos o túmulo de Alexandre, o Grande, seria muito interessante, mas nem de longe seria o único ponto de interesse dos arqueólogos da escavação.

– Entendi. Agora me fale sobre Alexandre, o Grande!

# 10

## ALEXANDRE, O GRANDE

– Alexandre III. Alexandre, o Grande. Alexandre Magno. Os motivos para chamar personagens históricos de grandes são subjetivos e questionáveis. Mas não no caso do Alex. Eu diria que o Alex realmente mereceu.

– Por que você o chama de Alex? Não é... depreciativo?

– Por que um apelido seria depreciativo? Eu sou fã do Alex. Ele mudou o curso da história mundial como poucos e sei que não daria a mínima para a minha opinião, afinal não resta dúvida de que ele mudou a história do mundo. Além do mais, não acho útil colocar a história num pedestal. A história não precisa de distrações causadas por admiração e reverência. Defendo a ideia de que é melhor conhecer o passado, se familiarizar com ele.

– Tudo bem, mas mesmo assim você está colocando o "Alex" no pedestal. Por que admira Alexandre, o Grande? Afinal, ele não foi... um sanguinário glorificado?

– Não estou colocando o Alex num pedestal. Vejo a vida dele como realmente foi, e ela é simplesmente impressionante. E por que dizer que o Alex foi um sanguinário? Em comparação com que outros líderes da Antiguidade ou posteriores? Ou você chama todos de sanguinários ou aceita o fato de que toda a nossa história é sangrenta.

– Mas, considerando-se as inúmeras campanhas militares,

Alexandre, o Grande, não matou muito mais gente do que todos os outros somados?

– Alexandre era bem menos destrutivo que muitos outros líderes militares. Comandou bem menos batalhas, foi mais piedoso com os vencidos que qualquer outro líder militar e sempre que possível tentou evitar guerras. Não era um santo, mas também não era um demônio. Era um jovem excepcionalmente competente e genial, que, em determinado momento, deixou a fama subir à cabeça. Mas isso é algo quase inevitável no caso do Alex. Ele mal tinha saído da adolescência quando conquistou o mundo.

– Até onde sei ele comandou o exército em guerras violentas e expansionistas.

– Ele entrou em guerra com o Império Persa. Alcançou o que muitos haviam sonhado e vinha se anunciando havia mais de um século. A Grécia e o Império Persa vinham num cabo de guerra desde as Guerras Médicas. Apesar da derrota, o Império Persa não se deu por satisfeito e continuou interferindo em assuntos gregos. Quem deu o ouro para Esparta construir sua armada e vencer Atenas na Guerra do Peloponeso? A Pérsia! Ou seja, 150 anos após as Guerras Médicas ainda havia uma "guerra fria" entre gregos e persas. Para Alexandre, era hora de a Grécia combater a Pérsia com as próprias mãos.

"Mas vamos começar do começo. Alexandre precisou assumir o trono da Macedônia de uma hora para outra. Legalmente, ele era o sucessor do pai, mas ainda estava na puberdade e não se dava bem com Filipe II, que parecia saudável, com muitos anos de reinado pela frente. Filipe II também tinha planos de atacar o Império Persa. Reuniu os gregos em Corinto e fundou a Liga de Corinto, com o objetivo de unir as cidades gregas contra os persas, deixando as animosidades de lado. Filipe foi o primeiro a realmente conseguir unir as cidades gregas."

– Todas?

– Todas não. Uma pequena aldeia no meio da Lacônia chamada Esparta se recusou a fazer parte da liga. Então, Filipe decidiu enviar uma mensagem: "Se eu conquistar Esparta, não terei misericórdia!" A resposta espartana foi curta e grossa: "Se."

– Filipe II levou a arrogância de Esparta a sério?

– Ninguém se metia com Esparta. Filipe a respeitava e decidiu ignorar a resposta arrogante. Reuniu todos em Corinto e formou a liga. Mais tarde, organizou uma grande festa em Aigai, antiga capital do reino, para o casamento de sua filha, e a lista de convidados tinha vários VIPs de toda a Grécia. No teatro de Aigai, diante dos olhos de todos, Filipe protagonizou uma cena insólita: apareceu todo vestido de branco ao lado das estátuas dos doze deuses olímpicos, como se ele próprio fosse o décimo terceiro.

– Nossa, ele se comparou a um deus?

– Sim, foi um atrevimento sem tamanho e ele pagou por isso imediatamente. Uma pessoa saiu da multidão e o apunhalou com uma faca.

– Foi por conta do atrevimento ou por outro motivo?

– Não se sabe ao certo, e também não sabemos quem contratou o assassino, mas assim morreu o poderoso rei Filipe II. De repente, Alexandre, que tinha 20 anos, se tornou herdeiro da maior potência grega da época. Todos pensaram: "Agora a Macedônia acaba." A Liga de Corinto começou a perder força. Tebas foi a primeira cidade a abandoná-la, pois tinha acreditado no rumor falso de que Alexandre teria morrido numa batalha contra os trácios. Atenas encorajou Tebas a sair. Resultado: Alexandre conquistou Tebas em tempo recorde e dizem que, em retaliação, não deixou pedra sobre pedra. Mas a verdade é diferente: ele deixou a decisão sobre o que fazer com Tebas nas mãos da comunidade da Beócia, ou seja, das cidades vizinhas de Tebas. Foram os beócios, que vinham sendo oprimidos pelos tebanos, que decidiram destruir Tebas. Alexandre ordenou que a casa de Píndaro, o grande poeta, fosse poupada e perdoou Atenas, que havia incitado Tebas a se insurgir.

– Por quê?

– Porque fora aluno de Aristóteles e sabia que Atenas havia sido o berço e a inspiração dos grandes pensadores da época. Tempos depois Alexandre entra no continente asiático e põe em prática o plano de seu pai: derrotar o Império Persa.

– Por que esse conflito não se resolveu de vez com o fim das Guerras Médicas?

– Difícil saber. Os gregos venceram as Guerras Médicas, mas, como eu disse, o Império Persa vivia se intrometendo nos assuntos gregos. A primeira batalha ocorreu às margens do rio Grânico. O exército de Alexandre era muito inferior. Mas, graças à sua capacidade estratégica, ele derrotou o inimigo e libertou cidades gregas na costa da Ásia Menor.

– Ele reconquistou essas cidades de volta para a Grécia?

– Na verdade ele permitiu que as cidades escolhessem sua forma de governo. Na maioria, eram democracias antes de serem dominadas pelos persas e decidiram reinstaurar esse sistema político.

– Mas a Macedônia não era um reino? Por que Alexandre permitiu as democracias? O que tinha a ganhar? Ele não devia ser o soberano dessas cidades?

– Esse é outro exemplo de como ele era diferente dos outros líderes. De qualquer modo, ele segue em frente e faz uma parada em Górdio, na atual Turquia, onde corta o famoso nó e segue caminho para a Síria, onde se dá a batalha seguinte, mais especificamente em Isso. Dessa vez o exército da Pérsia era ainda maior. Alexandre teve dificuldades, mas conseguiu colocar o rei persa Dario III para correr no meio da batalha, deixando mãe, mulher e todos os pertences para trás. Alexandre chegou ao Egito e foi recebido como libertador, porque os persas, que os egípcios odiavam, fugiram antes da chegada do exército grego. Os egípcios prometeram venerá-lo como deus, e ele gostou da ideia. Os gregos adoravam a cultura egípcia. Além de tudo, era uma cultura muito mais antiga que a grega. Só para você ter uma ideia, a Grande Pirâmide de Gizé tem mais que o dobro da idade que Alexandre, o Grande, teria se estivesse vivo hoje. Alexandre fundou diversas cidades no delta do rio Nilo, entre elas Alexandria, a mais famosa delas. Por fim, avançou com o exército em direção à Ásia e se aproximou do coração da Pérsia. Sabendo que estava perto da derrota final, Dario III enviou um mensageiro e ofereceu um acordo: "Dividiria o reino comigo? Fique com o que já conquistou, e eu fico com a outra metade."

– Nada má essa oferta.

– O velho Parmênion, um dos maiores líderes militares de Alexandre, gostou da proposta e disse: "Se eu fosse Alexandre, aceitaria a proposta." O Alex respondeu: "Eu também a aceitaria, se fosse Parmênion." Alexandre avança e conquista todas as grandes cidades do Império Persa. Por fim, marcha rumo à Babilônia, onde ocorre a terceira e maior batalha da campanha, em Gaugamela, que termina com a derrota do exército persa. Alexandre se torna o novo líder do império.

– Ele só precisou de três batalhas para conquistar tudo?

– Para conquistar o império, sim, mas a história não acaba aí. Ele precisa encontrar Dario III, que foi sequestrado por rebeldes. Avança em direção às províncias mais distantes do império e conhece um líder regional chamado Poro onde hoje é o Paquistão. Poro conta com um enorme exército de elefantes de guerra. Alexandre também os vence na Batalha de Hidaspes, mas se surpreende com a bravura de Poro, e eles se tornam amigos. Alexandre permite que Poro permaneça como rei e segue em frente. É mais ou menos nessa época que tudo começa a ir ladeira abaixo. Alexandre era um homem jovem, bonito, bem-sucedido, CEO e CFO da empresa familiar que havia conquistado o mundo. Como não deixar o sucesso subir à cabeça? Alexandre ficou paranoico e passou a ver inimigos e conspirações por todos os lados. Começou a matar companheiros e amigos por medo, até que de repente ficou doente na Babilônia.

– O que ele teve?

– Não sabemos, é um enigma que tentamos desvendar há muito tempo.

– Se não me engano, o reino da Macedônia ruiu após a morte de Alexandre. Ele deixou sucessor?

– Pouco antes de sua morte, perguntaram quem ele queria que o sucedesse. E ele murmurou: "O mais forte."

– Que ótimo, Alexandre! Na Grécia todos se acham os mais fortes e melhores.

– Exato! Os chefes militares começaram a brigar entre si e a matar uns aos outros, até que, décadas depois, chegou-se a uma divisão definitiva do reino da Macedônia. Antes vasto, ele foi repartido em reinos menores.

– Mas, afinal, Alexandre mereceu a reputação que tem?

– Alexandre, o Grande, é o personagem mais interessante da Antiguidade. Ele é do tipo ame ou odeie: tem quem o superestime e se esforce para idealizá-lo e quem o considere um símbolo do mal, um imperialista, o único grego antigo a conduzir uma guerra expansionista. Mas pense bem: você acha que após a morte de Alexandre os outros líderes teriam resolvido suas diferenças na base do diálogo? Parece até que os políticos e militares da história grega, e também da mundial, foram todos uns docinhos. Como você acha que eles ganhavam as guerras? Trocando cartas com o inimigo? Não faz sentido comparar Alexandre com Mahatma Gandhi.

– Mas não temos outro conquistador na nossa história.

– Como se Atenas não tivesse atormentado os próprios aliados. Sabe o que eles fizeram na ilha de Milos? Assassinaram todos os homens e escravizaram e venderam as mulheres e crianças. Agora me responda a seguinte pergunta: por que toda a história grega precisa se encaixar nessa dicotomia de santo ou demônio? Alexandre, o Grande, precisa ser visto como um governante num mundo de governantes, e nesse sentido ele sobressai. Quando você reconhece o papel fundamental das guerras na história do mundo, entende melhor o tamanho da influência de Alexandre na História. Ou você condena a história mundial como um todo, e também a grega, ou aceita Alexandre, o Grande, como protagonista de um momento histórico específico e importante.

– Mais uma pergunta. É verdade que ele civilizou os bárbaros?

– Ele não "civilizou" ninguém! Teve contato com povos milenares, que existiam muito antes do surgimento da Grécia Antiga e inspiravam os gregos quando ela ainda era uma criança. Nas campanhas militares, Alexandre era acompanhado por uma caravana de eruditos interessados em estudar esses lugares desconhecidos. Com isso, inevitavelmente os aspectos positivos da cultura grega também se disseminaram, como os esportes, o valor da individualidade, a filosofia, a literatura, o teatro, as ciências. Alexandre propiciou uma interação intercultural entre a cultura grega e as outras, levando a resultados fascinantes. Essa "polinização cruzada" é fundamental para o desenvolvimento cultural, e o fato é que a cultura não existe isolada. Apesar da mania de grandeza, Alexandre sabia que para os povos coexistirem era preciso tratar todos como iguais. Por esse motivo ele casou milhares de gregos com mulheres de outros povos. Também foi por isso que brigou com seu professor Aristóteles. O filósofo considerava os "bárbaros" inferiores aos gregos.

– Alexandre brigou com Aristóteles?

– Sim, mas não só por isso. Alexandre também matou Calístenes, sobrinho de Aristóteles, por suspeita de conspiração.

– Esse é o tipo de coisa que enfraquece o mito de Alexandre, o Grande.

– Mas mitos não passam disso mesmo: mitos. Não são a realidade.

– Já que estamos falando de mitos, tenho uma pergunta boba, mas que me incomoda faz tempo. É impressão minha ou toda a mitologia é uma grande bagunça?

## FAQ: POR QUE A MITOLOGIA É UMA BAGUNÇA?

– A mitologia de fato é uma bagunça. Mas isso não surpreende, pois o que chamamos de mitologia é, na verdade, um conjunto de histórias que deram uma nova cara à antiga religião grega. E nem a religião nem as mitologias que fazem parte dela se baseiam num único texto ou nas revelações de um só indivíduo. A Grécia Antiga nem sequer tinha textos sagrados.

– E como eles sabiam a quem venerar ou como venerar?

– Os povos transmitiram e eternizaram a religião e suas regras por meio da tradição oral, passando de geração para geração. Se não existe um texto sagrado que define a religião, também não vai existir para sua mitologia.

– Então quais são as nossas fontes para a mitologia?

– No início foram Homero e Hesíodo, os primeiros grandes poetas épicos dos séculos VIII a.C. e VII a.C. Depois vieram vários poetas trágicos, entre os quais estavam os três grandes: Ésquilo, Sófocles e Eurípides. Eles selecionaram os mitos que lhes agradavam e os desenvolveram para aumentar a dramaticidade.

No fim da Antiguidade surge o romance, gênero que tinha como objetivo satisfazer o público. Nesse ponto os autores jogam as tradições locais, as adaptações e a imaginação das pessoas num liquidificador, e chegamos a uma miríade de mitos criados sobretudo graças à criatividade de artistas. Talvez exatamente por isso a mitologia grega continue sendo tão intrigante, tão encantadora. Não é um texto enviado por um ser divino nos dizendo o que fazer.

– E como surgiu a mitologia?

– Da cabeça dos artistas e pensadores de cada época. Não é produto da mente de religiosos sérios e inflexíveis. Ela vem de gente criativa, maleável feito massa de pão. E lembre-se: para nós, a mitologia é uma coleção de histórias bonitas e divertidas, mas para os gregos antigos era parte do dia a dia. Alexandre, o Grande, realmente acreditava que era descendente de Hércules e filho de Zeus! Os generais disputando a sucessão de Alexandre, conhecidos como diádocos, fizeram uso político dessas crenças, tentando imitá-lo.

– O que aconteceu depois da morte de Alexandre, o Grande?

– Foi o caos!

# 11

## PERÍODO HELENÍSTICO

– Pouco depois da morte de Alexandre começou a Guerra dos Diádocos, também conhecida como Guerra dos Sucessores.

– Alexandre tinha algum herdeiro?

– Tinha um filho com Barsina, sua amante. Chamava-se Hércules e era adolescente, mas não nascera de um casamento legítimo.

– Nenhum herdeiro oficial, então?

– Ele era casado com Roxana, princesa da Báctria, a mulher mais linda que ele já vira. Quando ele morreu, ela estava grávida. Se nascesse um menino, ele seria o herdeiro. Alexandre também tinha um meio-irmão, filho do rei Filipe com uma dançarina. Chamava-se Arrideu e tinha problemas mentais. Resumindo, os generais, que esperavam assumir o comando da maior parte, se não de todo o reino, decidiram fingir que apoiavam o filho não nascido de Alexandre, que de fato era menino e recebeu o nome de Alexandre IV. Mas ao mesmo tempo apoiaram Arrideu e o chamaram de Filipe III. Ambos foram coroados reis, e os generais juraram protegê-los. Mas é quando começa uma carnificina geral. Ao longo das décadas seguintes os sucessores de Alexandre mobilizaram exércitos, fizeram e desfizeram alianças a torto e a direito, brigaram, casaram seus filhos com os filhos de seus rivais. Resumindo: sacrificaram exércitos inteiros no campo de batalha para ganho pessoal.

– E foi assim que o reino da Macedônia se desfez? Em quantas partes se dividiu?

– Basicamente, em quatro partes. Os reinos mais importantes a emergir desse caos foram o de Ptolomeu, que fundou a dinastia ptolomaica na região do Egito. Também temos o Império Selêucida, de Seleuco, que abrangia a maior parte da Ásia e foi o reino que mais tentou manter a visão de Alexandre, mas também fracassou. O reino da Trácia não tinha um futuro promissor como os dois outros, mas é nesse período que vemos o surgimento de um reino no noroeste da Ásia Menor. No começo era pequeno, mas rapidamente ganhou poder militar e cultural: o reino de Pérgamo.

– E o que aconteceu com o reino da Macedônia?

– Após um longo cabo de guerra, Cassandro chegou ao poder. Era casado com Tessalônica, meia-irmã de Alexandre. Foi ele quem fundou e batizou duas cidades. Uma delas é Cassandreia, em homenagem a si mesmo, e que hoje é a cidade de Potideia, na região de Chalkidiki. A outra cidade é Salônica, em homenagem à sua esposa.

– Mas o que aconteceu com os herdeiros "oficiais", Arrideu e o filho de Alexandre, o Grande?

– Filipe Arrideu foi o primeiro a ser assassinado a mando de Olímpia, mãe de Alexandre, o Grande, para que seu neto, Alexandre IV, fosse o único herdeiro. Roxana, viúva de Alexandre, o Grande, havia se refugiado com sua sogra na Macedônia.

– Olímpia tinha todo esse poder?

– Era uma mulher assustadora e autoritária. Apesar disso, ela, a nora e o neto foram mortos por Cassandro. Reza a lenda que os soldados enviados por Cassandro para cumprir a missão fugiram, de tão assustadora que era Olímpia. Cassandro, então, teve uma ideia: combater fogo com fogo. Entregou Olímpia às mães e às viúvas dos homens que ela havia mandado matar. Elas mataram a mulher e jogaram seus restos mortais para os cães.

– O filho de Alexandre, o Grande, também foi jogado aos cães?

– Provavelmente não. Deve ter sido enterrado com todas as honrarias. Acredita-se que um dos túmulos reais do Grande Túmulo de Vergina, atual nome da cidade macedônia de Aigai, pertença ao filho de Alexandre. Por isso é chamado de "Túmulo do Príncipe".

– Mas ainda sobrou um herdeiro próximo, Hércules, o filho do caso extraconjugal.

– Verdade. Na época ele era adolescente. Um dos generais macedônios, Poliperconte, quis apoiá-lo para assumir o trono vazio, mas Cassandro o convenceu de que seria melhor se a família real desaparecesse de vez. Esse foi o fim de Hércules.

– Ele também virou comida de cachorro?

– Não se sabe. Mas em 2008, durante as escavações da Ágora na cidade antiga de Aigai, primeira capital da Macedônia e local dos túmulos reais, os arqueólogos encontraram uma sepultura real secreta.

– Como assim? Uma sepultura pode ser real e secreta ao mesmo tempo?

– Os corpos estavam numa lárnaque, que é um pequeno caixão metálico. Há indícios de um enterro com pompa, e encontraram até uma coroa de folhas de carvalho feita de ouro. Via de regra as coroas de ouro eram usadas nos funerais da elite macedônia, mas as coroas de folhas de carvalho estavam ligadas às famílias reais ou a pessoas em posição hierárquica muito elevada. Em 2009, ano seguinte à primeira descoberta, arqueólogos encontraram um túmulo semelhante perto do primeiro. Os restos mortais estavam tão danificados que não foi possível identificar idade nem sexo, ao passo que os ossos no primeiro túmulo eram de um homem jovem. Possivelmente o jovem Hércules e sua mãe, Barsina, foram assassinados, mas talvez alguns monarquistas macedônios leais à linhagem de Alexandre tenham tentado prestar uma homenagem final ao último descendente da grande família real, dando a ele um enterro digno da realeza, mesmo que secreto. Não podemos afirmar que tal túmulo é dessa ou daquela pessoa, mas podemos dizer que é muito possível.

– Resumindo, a Macedônia é uma grande bagunça, e o resto do Império Macedônico se dividiu. E o que aconteceu com o restante da Grécia?

– Várias cidades-estados tentaram reconquistar a independência, mas não tinha mais jeito. Os grandes exércitos dos diádocos não permitiram. As cidades que ainda não tinham caído nas mãos de algum reino fizeram alianças para se defender e também atacar. As duas maiores foram a Liga Aqueia, no Peloponeso, e a Liga Etólia, na Grécia Continental.

– E deu certo?

– Tanto os etólios quanto os acaios conseguiram se tornar potências no território grego. Entraram em guerras e ao longo dos anos mudaram de alianças e interesses.

– E em meio a esse caos havia espaço para alguém desenvolver uma cultura forte?

– Claro. A guerra é uma constante na Antiguidade. Eu não cheguei nem perto de citar todas as guerras e conflitos da época. Mas mesmo em meio às guerras a humanidade sempre criou cultura.

– Então a cultura grega continuou se desenvolvendo depois do Período Clássico?

– A situação mudou a partir do Período Helenístico. O modo de vida grego se disseminou pelo mundo ocidental, e esse novo panorama levou a novas formas de estímulo. A maior realização cultural do Período Helenístico nem precisa de apresentação: é o Museu de Alexandria.

– Alexandria no Egito?

– Isso! Uma das cidades mais importantes, se não a mais importante do Período Helenístico. Para você ter uma ideia, o porto de Alexandria era o maior do mundo antigo.

– O maior? Em termos de tráfego e de volume de comércio?

– E em tamanho físico mesmo! O lugar era gigantesco! Imagine que em Siracusa, uma grande cidade da Sicília, o tirano Hierão I resolveu construir o navio mais poderoso de seu tempo. Usou madeira suficiente para construir sessenta navios. Importou os melhores materiais do mundo: cordas da Espanha, breu da França, etc. Contratou o maior gênio da época, Arquimedes, como engenheiro-chefe. O navio tinha vinte bancos de remadores e três deques. O deque inferior era usado para transporte de carga, alojamento dos funcionários, depósito, estábulo, forno, oficina de carpintaria, moinho e até aquário! No deque médio ficavam os aposentos principais: trinta quartos com quatro camas cada, um ginásio, pátios e um templo de Afrodite. No deque superior ficavam os aparatos de guerra: catapultas, bestas, etc. Resumindo, era uma verdadeira cidade flutuante e autossuficiente. O navio foi batizado de *Siracusia*.

– E o que aconteceu com ele?

– Foi um fiasco! Era grande demais e só conseguia entrar em um porto: o de Alexandria. O navio só zarpou uma vez, quando o pobre Hierão o enviou como presente ao Egito. Lá, foi ancorado e usado como centro comercial flutuante.

– Pelo jeito Alexandria era um lugar muito interessante. E esse museu de que você falou? Tinha exposições e tudo mais?

– Não era um museu como os atuais. Estava mais para um centro de ciências e pesquisa e era chamado de museu porque era dedicado às nove musas, filhas de Zeus e Mnemósine. Claro que o museu também precisava de textos. E onde eles ficavam? Na famosa Biblioteca de Alexandria.

– De onde veio a ideia de criar a biblioteca?

– Ptolomeu, fundador da dinastia ptolomaica, era general e amigo de Alexandre, o Grande, mas também colega dele na escola que Aristóteles criou na Macedônia. Era um homem muito instruído, defensor das ciências e artes. Decidiu fazer algo único na época: fundou o museu com o objetivo de transformá-lo num local para reflexão e pesquisa e convidou os gênios da época a fazer parte da equipe. Prometeu mundos e fundos às maiores cabeças pensantes do seu tempo, e cumpriu a palavra. Todos os intelectuais que aceitavam ir para Alexandria recebiam alimentação, moradia, um alto salário, fundos para pesquisa, benefícios fiscais, etc. Ptolomeu fazia de tudo para mantê-los ali, contanto que pesquisassem. E para as pesquisas gerarem os melhores frutos, Ptolomeu concentrou todo o conhecimento num só lugar. E ele ia além de apenas reunir todo esse conteúdo: checava, corrigia, confirmava as informações. Resumindo, criou um sistema de classificação, sistematização e expansão de todo esse conteúdo. A Biblioteca de Alexandria continha o maior número de obras reunidas do mundo antigo num só lugar.

– E como eles encontraram e reuniram esses textos? Na época ainda não existiam gráficas, livros eram raridades e cópias eram ainda mais raras.

– Primeiro eles confiscaram os textos que estavam em circulação. Depois Ptolomeu enviou um exército de caçadores de manuscritos e obras para coletar todo o material que encontrasse na região do Mediterrâneo. Um bom exemplo foi o que eles fizeram em Atenas, onde os famosos manuscritos das tragédias de Ésquilo, Sófocles e Eurípides eram guardados. Os atenienses não aceitaram simplesmente entregar os textos, então os alexandrinos fizeram uma sugestão: levar os textos para Alexandria, copiá-los e devolvê-los. Para isso, ofereceram uma caução de 15 talentos.

– Isso era muito dinheiro?

– Uma quantia enorme. Um talento pagava um mês de salário da tripulação inteira de uma trirreme de guerra. Com uma caução tão grande, os atenienses acreditaram que os alexandrinos devolveriam os originais. E o que os alexandrinos fizeram? Levaram os textos, copiaram tudo, mas enviaram as cópias para os atenienses, porque no fundo eles não ligavam para a caução. Só queriam ter as obras.

– Essa biblioteca devia ser enorme!

– Infelizmente não temos muitas informações sobre a biblioteca em si. Não sabemos como era sua arquitetura. Mas as bibliotecas da época não eram como as atuais, sobretudo porque não tinham livros, só rolos de papiro. Sabemos que todo o conhecimento da Antiguidade, ou quase todo, foi pesquisado, coletado, analisado e guardado ali. Com isso, Alexandria tornou-se o maior centro cultural do Período Helenístico. Mas não era o único. Uma cidadezinha no noroeste da Ásia Menor chamada Pérgamo estava se tornando a capital de um reino helenístico muito rico e poderoso. Com inveja do reconhecimento de Alexandria, Pérgamo também decidiu construir uma biblioteca e focar em cultura. Reza a lenda que o Egito teria tentado impedir a concorrência e proibiu a exportação de papiros para Pérgamo.

– E daí? Nenhum outro lugar fabricava papiros?

– Não. O papiro era o material de escrita mais usado na época, e o Egito detinha o monopólio da produção. Mas Pérgamo não se deixou intimidar: começou a produzir o pergaminho em larga escala. O pergaminho era feito de couro e recebeu esse nome em homenagem à cidade. E Pérgamo não se deu por satisfeita. Também esteve na vanguarda da arte e em pouco tempo se tornou conhecida pelo estilo altamente ornamentado, a ponto de hoje ser chamado de "barroco helenístico". Um exemplo são os conjuntos de estátuas da época. Distinguimos dois tipos, que em grego são chamados de *sýmplegma* e *sýntagma*.

– E qual a diferença entre os dois?

– *Sýmplegma* é quando as estátuas estão interligadas de forma dinâmica, como é o caso da famosa estátua *Grupo de Laocoonte*. No *sýntagma* elas ficam alinhadas, como no ex-voto *Daoco*, em Delfos.

– Então a escultura mudou muito nesse período?

– Sim, e você percebe por alguns exemplos incríveis, como o Altar de Pérgamo, hoje no Museu de Pérgamo em Berlim, com suas centenas de estátuas enormes de deuses e titãs lutando entre si, e na *Vitória de Samotrácia*, hoje no Louvre, que parece prestes a levantar voo, com suas roupas esvoaçantes.

– E a cerâmica? Os vasos de figuras negras e de figuras vermelhas ainda eram produzidos?

– A cerâmica continuou existindo, mas os vasos de figuras negras e de figuras vermelhas, antes muito cobiçados em todo o Mediterrâneo, simplesmente saíram de moda. Surgiram outros tipos de cerâmica.

– As modas vêm e vão.

– Exato. Nessa época, a moda eram vasos monocromáticos vermelhos e sobretudo pretos, com ornamentações simples que lembravam bordados. São chamados de Cerâmica West Slope.

– Que raio de nome é esse?

– É simples: os primeiros vasos desse estilo foram encontrados na encosta ocidental da Acrópole de Atenas. Foi nesse lado da Acrópole que o rei de Pérgamo construiu a estoa de Eumenes, como um presente para Atenas.

– Por que o rei de Pérgamo doou a estoa?

– A estoa era um dos elementos arquitetônicos mais importantes da Grécia Antiga e entrou na moda no Período Helenístico. Eles começaram a construir estoas por toda parte. Basicamente era um corredor coberto, aberto de um lado e fechado do outro, com salas para as mais variadas finalidades: despensas, lojas, arquivos, restaurantes. O lado aberto era apoiado em colunas para que a estoa fosse clara e arejada. O lado fechado ficava virado para o norte, protegendo as pessoas dos ventos de inverno, enquanto o lado aberto, virado para o sul, era aquecido pelo sol baixo. No verão, o corredor ficava à sombra, protegido do sol alto.

– E os filósofos se reuniam e conversavam ali?

– Sim, mas as estoas tinham outras utilidades. De qualquer modo, no Período Helenístico era comum haver discussões filosóficas públicas nas estoas. Foi assim que a filosofia se desenvolveu nesse período. É nas estoas que vemos o surgimento dos epicuristas, dos estoicos e de outras escolas filosóficas.

– Virou uma bagunça!

– É por aí. E todo esse florescimento cultural chamou a atenção de uma cidadezinha na Itália Central. Roma não era grande coisa, mas nessa época começou a ter contato com a cultura grega.

– Se Roma era só uma cidadezinha, como você mesmo disse, como conseguiu conquistar o mundo?

– Roma teve dois grandes oponentes na trajetória para controlar o Mediterrâneo: os cartagineses a oeste e os gregos a leste. Ambos atacaram o território romano. Do lado grego, quem encarou Roma foi Pirro, rei do Épiro e primo de Alexandre, o Grande.

– O reino do Épiro era poderoso?

– Sim, era comandado pelos poderosos molossos. Aliás, Olímpia, que se casou com Filipe II da Macedônia e foi mãe de Alexandre, o Grande, era uma princesa dessa dinastia.

– Então Alexandre não era só macedônio? Também era metade epirense?

– Sim, e os epirenses tinham muito orgulho disso. Pirro quis imitar Alexandre, o Grande, e se tornar um conquistador. Invadiu o território romano e, apesar de ganhar diversas batalhas, sofreu perdas catastróficas. Foi assim que surgiu o termo "vitória de Pirro", uma vitória completamente em vão, alcançada às custas de prejuízos irreparáveis.

– Mas e os romanos? As perdas deles não foram grandes?

– Claro que sim, mas os romanos tinham algo que Pirro não tinha: reservas. Roma era capaz de mobilizar um novo exército, enquanto Pirro era obrigado a lutar com o exército que havia levado. Pelo mesmo motivo Cartago saiu derrotada do território romano.

– Me fale um pouco sobre Cartago.

– Cartago era a maior cidade fenícia do Mediterrâneo Ocidental. Também era muito antiga. Nasceu como uma colônia fenícia, mas se tornou tão poderosa que conseguiu cortar laços com a metrópole e se tornou, ela própria, uma metrópole, fundando colônias em toda a região. Rivalizava com as colônias gregas vizinhas e, mais tarde, também com Roma. Por pouco Aníbal não conseguiu derrotar os romanos no campo de batalha.

– Quem foi Aníbal?

– Aníbal foi um lendário general cartaginês que levou a guerra até Roma. Cruzou toda a Espanha atual e o sul da França, atravessou os Alpes com elefantes de guerra e venceu os romanos em diversas batalhas.

– Como ele conseguiu isso?

– Ele era um gênio da estratégia. Brincava com as legiões romanas como um gato brinca com um rato. Mas, como já mencionei, Roma tinha algo que os cartagineses não tinham: reservas.

– Então Roma resistiu?

– Não só resistiu como contra-atacou. Sabendo que os gregos tinham algumas colônias a oeste e também não se davam bem com os cartagineses, Roma jogou os gregos contra os cartagineses e os cartagineses contra os gregos. No Mediterrâneo Oriental, onde não havia cartagineses, Roma jogou os gregos contra os gregos.

– Cartago era uma cidade, mas a Grécia era composta por vários reinos e estados. Para Roma, não foi mais difícil derrotar os gregos?

– Roma não atacou todos os povos gregos ao mesmo tempo. Primeiro, encarou a Macedônia. Usou todo o poder militar à disposição e teve ajuda dos gregos do sul para derrotar Perseu, o último rei da Macedônia, na Batalha de Pidna, em 168 a.C. Perseu foi levado para Roma e exibido pela cidade numa procissão triunfal.

– E o resto da Grécia?

– Os romanos conquistaram o último território grego vinte anos depois, ao destruir Corinto em 148 a.c. Outras cidades gregas não se safaram da ira romana. O general Sula não demonstrou qualquer compaixão ao entrar em Atenas, que estava sitiada. Em dado momento, uma delegação ateniense foi enviada com a tarefa de dissuadi-lo. Usaram um argumento que tinha funcionado antes, de que outros generais tinham poupado Atenas por gostarem da cultura grega. A delegação expôs a história gloriosa de Atenas e listou seus grandes feitos culturais. Mas Sula era diferente dos generais anteriores e respondeu: "E daí que vocês foram o berço da educação? Eu não vim aprender história. Vim subjugar insurgentes." Atenas foi saqueada. Milhares de obras de arte foram levadas para a Itália. A queda de Atenas serviu de alerta para outras cidades-estados gregas.

– Alguma cidade-estado grega se manteve independente?

– Todas foram conquistadas por Roma de uma forma ou de outra. Do outro lado do mar Egeu, na Ásia Menor, Roma conquistou o rico e poderoso reino de Pérgamo como herança.

– Herança? Como assim? Herança de quem? O rei de Pérgamo por acaso deixou o reino para Roma em testamento? – perguntou o rapaz, e deu uma gargalhada.

– Foi exatamente isso!

Ele parou de rir e me encarou, incrédulo.

– É sério! O último rei de Pérgamo literalmente deixou o reino como herança para os romanos em testamento. Os habitantes de Pérgamo se opuseram, mas foi em vão. Os romanos exigiram a herança. Depois conquistaram o Império Selêucida, além de outros reinos próximos, que não tinham mais quem os defendesse. Por fim, restou o último reino helenístico da história, o Egito Ptolomaico. Esse deu trabalho. Júlio César viajou até lá para se encontrar com a lendária rainha Cleópatra e se apaixonou por ela. Mas Júlio César era um ditador e, de volta a Roma, foi assassinado.

– Ditador? Você não quer dizer imperador?

– Muita gente faz confusão sobre esse assunto. Júlio César nunca foi imperador de Roma. O Império Romano foi fundado politicamente após sua morte. Até então Roma era governada num sistema oligárquico, a *Res publica*. *Res* significa coisa ou questão. E *publica* significa pública. Ou seja, questões públicas, coisas públicas. É daí que vem a palavra "república".

– Quando acabou a República Romana?

– Logo após o assassinato de Júlio César. Nesse meio-tempo entre o assassinato e a criação do império, outro general romano foi até Alexandria: Marco Antônio. Também se apaixonou por Cleópatra.

– Essa mulher deve ter sido especial.

– Era uma *femme fatale* da Antiguidade. Em Roma, Marco Antônio tinha um inimigo, Otaviano, que aproveitou a oportunidade para instigar o povo contra o general. A sociedade conservadora de Roma apoiou Otaviano. Houve uma guerra civil, basicamente uma guerra de Roma contra o Egito, com um detalhe: Marco Antônio lutou ao lado de Cleópatra. Na Batalha de Áccio, em território grego, Otaviano saiu vitorioso. Marco Antônio e Cleópatra cometeram suicídio. Com isso, Roma passou a dominar todo o Mediterrâneo. Otaviano mudou de nome para Augusto e se tornou o primeiro imperador romano.

– Assim nasceu o Império Romano, o império das intrigas, traições e libertinagens? – perguntou ele e abriu um sorriso malicioso.

– Pelo jeito você admira o Império Romano!

– Então não teve esse lado sombrio?

– Toda a Antiguidade teve um lado sombrio.

# FAQ: A ANTIGUIDADE TEM UM LADO SOMBRIO?

– Estamos acostumados a pensar na Antiguidade Clássica como um período admirável, e ela realmente é. Mas nem tudo eram flores. Para entender bem a Antiguidade, você também precisa conhecer seu lado sombrio.

– Mas aí vamos manchar a imagem dessa época, não?

– De forma alguma. Para conhecer todo o passado é preciso aceitar e compreender seu lado obscuro, ver que a humanidade melhorou em vários aspectos e entender que essa combinação de luz e escuridão é inevitável.

– E quais foram os lados obscuros da Grécia Antiga?

– Um exemplo: na Antiguidade os povos não aceitavam a fragilidade humana. Deficiências de nascimento ou adquiridas eram praticamente uma condenação. Como eu falei antes, ser belo era ser agraciado pelos deuses, e se você não era belo...

– Era inútil!

– Sim, muitas crianças nascidas com alguma "anormalidade" eram abandonadas e morriam desamparadas, sozinhas, a céu aberto.

– Era o que acontecia em Esparta?

– Não só em Esparta, na Grécia toda! Em geral, as crianças que nasciam com alguma deformidade ou simplesmente eram indesejadas eram largadas numa montanha para virar comida da fauna selvagem. Já ouviu falar de Édipo de Tebas? Sabe o que significa o nome dele? Pés inchados. E por quê? Porque o pai dele, rei de Tebas, fez dois furos nos calcanhares da criança e passou uma corda entre eles para pendurá-lo numa árvore e deixá-lo para morrer. O inchaço na verdade era um edema, uma cicatriz daquele passado brutal. A maioria das crianças abandonadas era de meninas, pois via de regra a mulher não tinha direitos. Não podemos generalizar e dizer que elas eram consideradas inferiores em todos os lugares, mas de forma geral, no Período Clássico da Grécia Antiga, as mulheres, cinquenta por cento da população, não podiam desfrutar de direitos humanos básicos.

– Mas ao mesmo tempo os gregos tinham deusas, não só deuses. Pelo menos na mitologia a mulher não está numa posição tão inferior.

– Certo, entre as divindades havia certa igualdade. Mas nas lendas, não. Atente para a imagem da mulher em diversos mitos, que em geral são criados por homens. Por exemplo, Medeia, princesa e filha do rei Eetes na distante Cólquida. Ela decide fugir com Jasão, que aparece de repente com um navio repleto de argonautas para roubar nada menos que o suntuoso velocino de ouro. Reza a lenda que Eetes teria sido um mau pai e um rei cruel, com uma extensa lista de crimes, o que em parte justifica uma possível vingança. O problema é que Medeia não pune o pai diretamente. Em vez disso, foge com Jasão e leva o irmão mais novo, Absirto. O rei Eetes segue a embarcação de Medeia, e ela decide agir: arranca os membros do menino e os atira no mar! Os argonautas aproveitam que o rei Eetes para a embarcação para catar os membros do filho e conseguem fugir. Mas a relação de Medeia com Jasão não deu certo, e, para se vingar, ela mata os dois filhos deles com as próprias mãos e desaparece do mapa. Nessa história, a mulher é representada como um ser selvagem e vingativo, enquanto o homem é uma vítima honrada.

– Tudo bem, mas esse é só um exemplo de mito!

– Ele não foi o único. O mito das irmãs Procne e Filomela tem um fim parecido. Tereu, rei da Trácia, se casa com Procne e tem um filho com ela, Ítis. Tereu estupra Filomela. Para se vingar dele, as irmãs assassinam o pequeno Ítis e fogem.

– São histórias de mulheres violentas e vingativas!

– Está percebendo o padrão? Nesses mitos, a mulher não tem instinto materno. No mundo patriarcal, a morte do herdeiro masculino é a pior punição possível para o pai. A mulher é caracterizada como fria e sanguinária. Só conheço um caso de mãe que ousou protestar contra o sacrifício de sua filha e se opor ao pai assassino. Clitemnestra não concordou com a decisão de Agamenon de sacrificar a filha Ifigênia para dar início à Guerra de Troia. Tempos depois, porém, ela foi acusada de ter um amante durante os dez anos em que seu marido esteve fora de casa guerreando e saqueando. É óbvio que esses personagens míticos não representam de forma alguma a natureza feminina. E também é óbvio que nem toda mulher é paranoica e mata os próprios filhos nos mitos. Mas é interessante constatar que alguns mitos reforçam e perpetuam alguns dos preconceitos mais doentios do patriarcado. Por outro lado, não eram só as mulheres que sofriam injustiças na Antiguidade. Pessoas escravizadas também viviam uma vida dura. Mas isso também era subjetivo. Uma coisa era ser um escravizado inserido na família de um cidadão rico, e outra era ser escravizado nas minas. No primeiro caso, você provavelmente tinha uma qualidade de vida melhor do que um cidadão livre mas pobre. Além do mais, era comum os escravizados comprarem a própria liberdade ou recebê-la de presente do dono.

– Mas a pessoa não fica escravizada até a morte? Era possível "pedir as contas"?

– Em geral, os senhores de pessoas escravizadas assinavam contratos publicados nos templos, tal como um cartório hoje, atestando que, após sua morte, a pessoa estaria livre. Em geral, os escravizados também recebiam salário, com o qual podiam comprar a liberdade. Em casos mais raros, a relação entre senhor e escravo era muito forte, como, no caso de Aischre, uma escravizada da Frígia. Provavelmente Aischre era um nome dado por seu dono, e significava "vergonhosa". Aischre amamentou um menino chamado Mikkos. Quando Mikkos cresceu e Aischre envelheceu, o jovem cuidou dela. Quando ela morreu, ele ergueu um monumento em homenagem a ela com a seguinte epígrafe: "Mikkos cuidou de Aischre da Frígia durante toda a vida. Que este monumento sirva para lembrar as gerações futuras. Pela generosidade em me dar o leite de seu seio, ela recebeu uma recompensa na velhice."

– Assim eu vou chorar!

– Quem você acha que tinha uma vida melhor? A pessoa escravizada que viveu toda a vida no palácio do imperador romano ou o trabalhador livre que vivia num barraco com a família?

– Está dizendo que era melhor ser um escravizado?

– De forma alguma! A escravidão foi uma desgraça. Hoje em dia não conseguimos imaginar viver uma vida sem liberdade. Ela é a base da nossa existência, da nossa noção de ser, da nossa individualidade. Ao redor do mundo houve inúmeras lutas pela abolição da escravatura. Mas, do ponto de vista global, vemos que nem todos os homens livres têm uma qualidade de vida mínima. Muitos gregos que alcançaram renome e sucesso em Roma eram escravizados por romanos ricos que os usavam como professores de seus filhos, pois toda família romana que se prezava precisava falar grego e entender um pouco da cultura grega.

– Por quê?

– Porque durante o Período Romano nós vemos um casamento das culturas grega e romana, que talvez tenha sido a união mais incomum e original da história da humanidade.

– Parece interessante.

– Sim, é impressionante.

# 12

## PERÍODO ROMANO

– A partir daqui Roma assume as rédeas do Mediterrâneo e de territórios muito além. O império se estende dos pântanos da Bretanha até as dunas de areia do norte da África e da Arábia. A essa altura a Grécia não passava de umas poucas províncias dentro de um reino infinito. Mas a Grécia se dava bem com Roma, que por sua vez admirava os gregos. A relação entre Grécia e Roma tem sido muito estudada, e a visão geral é de que se trata de uma relação única na história mundial.

– O que ela tem de única?

– O fato de que viveram em guerra durante muitos anos, mas acabaram se dando bem, com suas semelhanças e diferenças. Pode-se dizer que se apaixonaram. Desde o início os gregos admiravam a disciplina, a engenhosidade e a determinação de Roma, que por sua vez foi cativada pela sensibilidade artística e intelectual da Grécia. Os romanos amavam a cultura grega a ponto de tentarem convencer a si mesmos e os outros de que tinham a mesma origem, por meio de Homero e da Guerra de Troia. Os romanos chegaram a se convencer de que eram descendentes de Afrodite!

– Como?

– Reza a lenda que certa vez a deusa se apaixonou por um troiano chamado Anquises. Eles tiveram um filho, Eneias, um dos combatentes da Guerra de Troia. Quando Troia foi tomada, Anquises colocou seu pai idoso sobre os ombros, pegou seu filho único, Ascânio, pela mão e conseguiu entrar num navio e fugir da confusão. Assim como Ulisses, Eneias vagou durante muito tempo, até que chegou à Itália Central, onde seus descendentes, Rômulo e Remo, fundaram Roma. Assim, Afrodite passou a ser vista como mãe de Roma.

– Tudo isso está na obra de Homero?

– Não, na de Virgílio, maior poeta épico do período áureo de Roma, que escreveu a *Eneida* tentando repetir o sucesso da *Ilíada* e da *Odisseia*.

– Caramba, pelo jeito os romanos queriam se identificar com os gregos de qualquer jeito.

– Eles eram loucos pelos gregos. Por se considerarem descendentes de Afrodite e bisnetos de heróis homéricos, reivindicaram uma parte da herança grega e participaram dos Jogos Pan-Helênicos, onde eram recebidos como, digamos, primos distantes. Falavam grego fluentemente e iam à Grécia fazer turismo pelas cidades antigas. Roma viveu uma verdadeira febre de Grécia e admirava a arte grega.

– As obras de arte romanas eram inspiradas nas gregas?

– Eles não só se inspiravam como queriam possuir os originais. Viviam saindo dos portos gregos com navios cheios de obras de arte em direção a Roma. Algumas embarcações nunca chegaram ao destino. Houve, por exemplo, o caso dos destroços de Anticítera, no qual se encontrava a famosa máquina de Anticítera.

– Que máquina era essa?

– Um mecanismo muito complexo usado para medir e calcular os movimentos dos corpos celestes. O navio entrou no mar agitado, emborcou e naufragou. As estátuas incríveis no porão do navio só foram descobertas séculos depois. Em geral, as obras que não foram soterradas pela areia do fundo do mar foram destruídas pela água salgada e por seus habitantes peculiares. Quanto maior a profundidade onde se encontra o navio, mais conservados estão os achados, porque quanto mais perto da superfície, mais violento é o mar.

– Entendi, ao que parece os romanos se apaixonaram pela Grécia e se beneficiaram bastante dessa relação. Mas eles deram algo em troca?

– Para começo de conversa, os romanos proporcionaram aos gregos algo que eles não eram capazes de alcançar por conta própria: paz. A Pax Romana também proporcionou aos gregos um sistema de estradas melhor. Até então os gregos tinham apenas estradas de terra ou cascalho com sulcos para as rodas das carruagens.

– E como eles sabiam a largura dos sulcos?

– Na verdade eles construíam as carroças de acordo com a largura dos sulcos. De qualquer modo, os romanos inventaram as estradas pavimentadas. E que estradas! Pistas que atravessavam montanhas, planícies pantanosas, rios e desfiladeiros, de uma ponta a outra do império. Todos os caminhos levavam a Roma! E elas proporcionavam segurança para os viajantes.

– Antes não era tão seguro?

– Na Grécia Antiga as ruas e estradas não eram geridas por um governo. As cidades-estados só cuidavam do que acontecia em sua jurisdição. Assim, os viajantes estavam à mercê da natureza selvagem e de vigaristas e ladrões à espreita. Esse era mais um motivo para o grande número de viagens de navio na Antiguidade. Além de ser mais rápido, era um pouquinho mais seguro.

– Por que só um pouquinho?

– Porque, como eu disse, os gregos eram supersticiosos. E lembre-se de que na época não havia embarcações de passageiros. Elas eram feitas para pesca, guerra ou comércio, e só as de comércio tinham passageiros. Se você quisesse fazer uma viagem, precisava ir ao porto e esperar até que um navio coincidentemente fosse para o seu destino. Você pagava a passagem, mas se se alguém pisasse no navio e espirrasse, por exemplo, isso era visto como mau presságio. Resultado: o navio ficava no porto. Se um pássaro negro pousasse nas cordas também era mau agouro. O mesmo acontecia se um tripulante ou passageiro tivesse um pesadelo na noite anterior, ou se um ritual de sacrifício não corresse bem. Por fim, se tudo corresse conforme o esperado, ainda era preciso que o vento soprasse na direção certa. E, como se tudo isso não bastasse, ainda havia o perigo dos piratas, que felizmente diminuiu muito durante a época do Império Romano.

– Parece que os romanos fizeram coisas boas.

– Sem dúvida. Eles também criaram toda uma gama de estruturas arquitetônicas úteis: aquedutos, prédios de apartamentos, banhos e banheiros públicos, sistemas de canalização. Melhoraram a qualidade de vida de forma geral. Assim como os gregos tinham se inspirado nas culturas do Oriente Médio para criar algo "melhor", os romanos se inspiraram nos gregos para fazer algo novo. A diferença básica entre gregos e romanos é a escala. Os gregos tinham banhos pequenos e práticos, enquanto os romanos da época do império podiam escolher entre vários complexos de banho enormes, cheios de estátuas, obras de arte, espaços para entretenimento e até bibliotecas.

– Os romanos se basearam na arquitetura grega?

– Sim, a arquitetura romana é muito semelhante à grega. Mas, ao contrário dos gregos, que preferiam os estilos dórico e jônico, os romanos praticamente só usavam o coríntio. Ou seja, se você vir capitéis coríntios na Grécia ou no resto da região do Mediterrâneo, provavelmente está vendo uma construção do Período Romano. Um exemplo: as colunas do Olimpeu, o Templo de Zeus

Olímpico em Atenas. Em geral, os muros construídos de tijolos vermelhos também são romanos. Alguns dos melhores exemplos estão em Salônica e Nicópolis.

– Então Salônica e Nicópolis são cidades romanas?

– Salônica já existia antes, mas Nicópolis foi fundada pelos romanos. As duas têm inúmeras antiguidades da época romana. Dizemos que elas são romanas para simplificar, mas talvez tenham sido construídas por gregos no Período Romano. É o caso, por exemplo, do Odeon ao pé da Acrópole. Oficialmente é uma construção romana, mas foi construído por um ateniense podre de rico, Herodes Ático.

– Que generoso, esse Herodes.

– Ele mandou construir o Odeon para desviar a atenção dos atenienses. Sua mulher, Régila, tinha sido morta quando estava grávida.

– Ele matou a própria mulher?

– Mandou um escravizado chutá-la na barriga até que ela e a criança morreram. A família de Régila, que nunca foi a favor do casamento, levou o caso à justiça, mas o imperador era amigo de Herodes, que foi inocentado. Para acalmar os ânimos populares, Herodes mandou construir o Odeon em memória de Régila. Vale apontar também que ele era um grande patrono das artes, e na época a arte era um ótimo negócio.

– Você disse que os romanos copiavam a arte grega.

– Sim, copiavam e admiravam a arte grega, mas ao mesmo tempo nos legaram uma novidade: o retrato. Os gregos preferiam a reprodução idealizada do corpo humano perfeito, enquanto os romanos gostavam mais do realismo. Não importava se o senador era enrugado, se a patrícia era horrorosa, eles queriam se ver na escultura. "Estou pagando e quero ver alguém parecido comigo!"

– E como os gregos reagiram a essas inovações?

– Parece que aceitaram. Você não acha estranho que ao longo dos séculos de ocupação romana não tenha havido nenhum levante, nenhuma tentativa de independência por parte dos gregos? Eles se habituaram tão bem ao domínio romano que não tentaram fazer nada para mudar. A Grécia tinha paz, era próspera. A arte e o modo de vida gregos eram aceitos e valorizados, e o grego era um idioma internacional, pelo menos na parte oriental do Império Romano. Escritos da época deixam claro que cientistas e filósofos estavam começando a escrever em grego.

– Sabe algum exemplo?

– Luciano de Samósata. Nasceu na Síria e começou como aprendiz de escultor, mas era tão inútil que foi expulso da oficina pelo tio, que era dono do lugar. Encontrou sua razão de viver nas letras e aprendeu a falar grego melhor que sua língua materna. Era dono de uma imaginação sem limites!

– Ele tinha uma grande imaginação para aquela época, entendi certo?

– Para a nossa também. Escreveu *A história verdadeira*, obra na qual ironiza impiedosamente as histórias fantásticas dos escritores antigos e contemporâneos sobre locais e povos imaginários e exóticos. Foi o primeiro romance de ficção científica da história. O herói viaja pelo mundo todo e depois vai até a Lua, onde descobre que o rei de lá é um terráqueo que fora sequestrado pelos extraterrestres. Descobre que os habitantes da Lua estabeleceram uma colônia no planeta Vênus, mas o Rei Sol resolveu atacá-los. Começa uma guerra na qual os dois exércitos se enfrentam montados em besouros, abelhas e outros insetos gigantes.

– Como assim?! Por que não existe ainda um filme sobre isso?

– Você não viu nada! Em *Julgamento das vogais*, a letra sigma (σ) acusa a letra tau (τ) de roubar palavras e a leva à justiça. E quem são os juízes? As vogais!

– Como pode uma letra roubar palavras?

– Já ouviu falar do grito "*Thálatta, thálatta!*"? Significa "O mar, o mar!" e no dialeto ático do grego era escrito assim, com dois taus: "Θάλαττα! Θάλαττα!" É um grito dos Dez Mil, grupo de mercenários gregos contratados por Ciro, o Jovem, para tirar o próprio irmão, Artaxerxes II, do trono da Pérsia. Eles gritam "O mar, o mar!" quando avistam o mar ao longe. A acusação é de que os dois taus tomaram o lugar dos dois sigmas dessa e de outras palavras. Já em *Diálogos das meretrizes*, Luciano descreve cenas divertidas da vida das hetairas e, em *Diálogos dos deuses*, apresenta uma assembleia geral dos doze deuses do Olimpo; vendo a Grécia se abrir para culturas e deuses estrangeiros, eles estão com medo de perder a função e o suprimento de néctar e ambrosia. Então acusam Dionísio, que teria levado Pã para o Olimpo. Como Pã tem a forma de um bode, não é tão belo quanto os outros deuses e os estaria desprestigiando. Também acusam Apolo de acumular cargos: ele é o deus da música, da medicina e da profecia.

– Eles têm razão nesse aspecto!

– Por fim, criam uma comissão para analisar a legitimidade de todos os deuses.

– Por que nunca nos contaram isso?

– Estou contando agora.

– Não é a mesma coisa.

– Por que não? Que diferença faz a forma como você aprende algo novo? O importante é saber e usar a informação.

– Verdade. Mas, se o Império Romano era tão poderoso e próspero, como foi que ele ruiu?

– A discussão sobre o declínio de culturas pré-históricas é sempre complicada, e o mesmo vale para o Império Romano. Invasões de povos da Europa Central e do Norte tiveram um papel preponderante. Além disso, o Império Romano tinha outros problemas. Estava sempre em guerra. Em dado momento, o imperador Diocleciano decidiu dividir o império em quatro partes e criar a tetrarquia, sistema de governo no qual o território é comandado por quatro governantes. Durante um curto período, Salônica foi a capital de parte do Império Romano, e Galério foi seu líder. Depois houve outra enorme mudança. Surgiu uma nova religião, muito diferente das outras até então.

– O cristianismo?

– Exato! No começo a nova religião se disseminou lentamente. As religiões antigas eram rigorosas, até mesmo cruéis com os fiéis. A nova crença prometia algo impensável para o mundo antigo: igualdade absoluta para todos. Homens e mulheres, brancos e negros, pessoas livres e escravizadas. Certas religiões antigas já haviam pregado algo parecido, mas em menor proporção ou como parte de rituais. Exemplo: os Mistérios de Elêusis, que eram voltados apenas para os já iniciados e para os fiéis que conseguiam chegar a Elêusis.

– E por que o cristianismo se disseminou tanto?

– Talvez porque essa nova religião não esperava você ir a ela. Ela ia até você. Era uma religião que buscava falar com todos, do cidadão mais rico ao escravizado mais pobre. Outra possibilidade é que no cristianismo havia textos escritos que determinavam os dogmas da religião. As religiões antigas não costumavam se basear em textos. Seja como for, a nova religião monoteísta se espalhou pelo império e se consolidou, embora nos primeiros séculos de existência tenha convivido com diferenças de opinião e divisões que levaram à criação de seitas e a heresias. Nesse período, o Império Romano começou a ruir. No início do século IV, Roma precisava se renovar. O imperador Constantino percebeu que também precisava de uma mudança. E fez: uma mudança física! Levou a capital do Império Romano para Bizâncio, uma antiga cidade grega no estreito de Bósforo.

– Esse era o nome da cidade? Achei que era o nome do império todo, o Império Bizantino.

– Esse é um conceito criado recentemente. Na época as pessoas não se diziam bizantinas nem diziam que faziam parte do Império Bizantino ou de Bizâncio.

– Como era então?

– As pessoas eram romanas, do Império Romano. Só no século XVI começamos a chamar esse período de bizantino, porque a nova capital, Constantinopla, que significa "Cidade de Constantino", foi construída sobre a antiga cidade de Bizâncio, que por sua vez tinha esse nome porque havia sido fundada no Período Arcaico por Byzas, da colônia dórica de Mégara. Foi Constantino quem mudou o nome de Bizâncio para Constantinopla. O mundo antigo estava acabando. As escolas filosóficas fecharam, o oráculo de Delfos e os Jogos Pan-Helênicos tinham deixado de existir. As estátuas antigas mostravam corpos nus, eram consideradas obscenas e simbolizavam tudo que havia de errado com a idolatria. Por isso, foram sistematicamente destruídas.

– E o que aconteceu com todo o conhecimento acumulado do mundo antigo?

– Alguns homens perspicazes, amantes da cultura, guardaram os textos que encontraram. Os textos mais populares foram salvos. Os menos populares se perderam, e infelizmente foram muitos. Alguns templos antigos não foram afetados porque se transformaram em igrejas. Passaram-se muitos, muitos anos até a humanidade redescobrir sua herança. Nossa sorte foi que alguns estudiosos e monges admiravam os textos do Período Bizantino e se puseram a copiá-los. Após a queda do Império Bizantino, muitos levaram seus textos para outras partes da Europa. Os europeus estavam saindo da Idade Média e começavam a olhar com bons olhos para o mundo antigo. É o início da Renascença. O clérigo e estudioso Basílio Bessarion, de Trebizonda, na atual Turquia, foi um dos homens que contribuíram para o resgate desses textos. Por duas vezes quase se tornou papa, e teria conseguido se fosse italiano, e não grego. Ele doou sua enorme coleção de textos antigos a Veneza, e até hoje esses textos constituem o cerne da Biblioteca Marciana, uma das mais importantes do mundo. É lá que está o manuscrito mais antigo preservado da *Ilíada*, o Venetus A.

Ouvimos um som abafado. O elevador balança de leve e começa a se mover. Interrompemos a conversa. Quando os bombeiros nos tiram do elevador, agradecemos e deixamos o prédio aliviados.

– Muito obrigado pela companhia e pela conversa. Nem percebi o tempo passar! – disse o rapaz, parecendo aliviado.

– Eu é que agradeço. Com certeza me diverti mais que você.

– Conseguimos falar sobre toda a Grécia Antiga, não é? Incrível!

– Verdade. Foi como se alguém tivesse calculado exatamente o tempo necessário! Se fosse combinado, não daria tão certo.

Nós rimos.

# Epílogo

Paramos na entrada do prédio.

– Eu não imaginava que conhecia tão pouco da Antiguidade. E descobri que ela não é tão complicada ou entediante como pensava. Não vou conseguir gravar nem metade de tudo que você me contou.

– E a verdade é que eu não lhe contei nem a metade. Tente fazer um resumo do que você lembra.

– O ser humano surgiu no planeta milhões de anos atrás, e vivemos a maior parte desse tempo como caçadores e coletores de alimentos. Chamamos esse período de Paleolítico. Descobrimos o fogo, as roupas, a vida em sociedade, a arte. Em algum momento ocorreu uma grande "revolução", e aprendemos a cultivar o solo, a criar animais, a construir casas, a viver uma vida sedentária. Esse é o Período Neolítico. Na Grécia, durou aproximadamente de 7000 a.C. até 3000 a.C. Correto?

– Não precisa ser tão exato com as datas.

– Na verdade os anos me ajudam a me localizar no tempo. Em cerca de 3000 a.C. começou a Idade do Bronze, primeiro com a civilização cicládica e seus belos ídolos de argila. Depois vieram a famosa Creta minoica com seus palácios deslumbrantes e, por fim, a Grécia micênica, de onde vem boa parte da mitologia que ganharia o mundo tempos depois. Esse período acabou em cerca de 1100 a.C. Todas essas civilizações ruíram e entramos na Idade das Trevas Grega, que foi de...

– De 1050 a.C. a 900 a.C.

– Isso! Depois veio o Período Geométrico. As colônias gregas ocuparam a costa do mar Mediterrâneo e do mar Negro. Depois veio o Período Orientalizante, que começa em...

– 700 a.C.

– Isso! Nesse período descobrimos o que acontecia no Oriente Médio. Mais ou menos a partir de 600 a.C. entramos no Período Arcaico. Foi nesse período que surgiram os elementos que entendemos como sendo parte da cultura grega antiga. A Grécia Continental foi dividida em cidades-estados. A mais poderosa era Esparta. As colônias gregas se espalharam pela região do Mediterrâneo, disseminando arte, ciências, filosofia, arquitetura, teatro, democracia! Nesse momento o Império Persa se torna uma ameaça para os gregos. A primeira Guerra Médica ocorre em 490 a.C., e a segunda, em 480 a.C. A Grécia vence as Guerras Médicas e entra no Período Clássico. Atenas chega à sua era de ouro: a arte, as ciências, a filosofia, a retórica: tudo se desenvolve. Mas foi durante esse período que os gregos entraram numa terrível guerra interna, a Guerra do Peloponeso, entre Atenas e Esparta.

– De 431 a.C. a 404 a.C., para ser mais exato.

– Isso. Não me lembro de cada detalhe, mas lembro que, com a exceção de um período curto no qual Tebas se torna a cidade-estado mais poderosa, é o reino da Macedônia que assume o comando da Grécia. O Período Clássico termina com Alexandre, o Grande, que muda o mapa da região.

– Muito bem! Ele subiu ao trono do reino da Macedônia em 336 a.C. e morreu em 323 a.C.

– Depois veio o período dos reinos helenísticos, estados enormes que viviam em conflito uns com os outros, até que surgiu uma nova superpotência no Mediterrâneo, Roma, que derrotou os estados gregos um a um e, em 30 a.C., se tornou soberana de todo o Mediterrâneo.

– Na verdade foi em 31 a.C.

– Mas 30 é um número redondo, mais fácil de lembrar.

– Sim, mas em 31 a.C. houve a Batalha de Áccio. Ela é importante.

– Certo! Enfim, o domínio romano perdurou até que a capital foi transferida de Roma para Constantinopla e, assim, de alguma forma, chega ao fim a história da Antiguidade grega. Ufa, consegui!

– E quando a capital foi transferida de Roma para Constantinopla?

– Esqueci completamente.

– Em 324 d.C.

– Acho que no fim eu tenho mais perguntas do que respostas.

– Normal. Não dá para espremer toda uma ciência num papo de elevador! Tente buscar e encontrar as respostas para as suas novas perguntas.

– Pode deixar. Agora que sei o básico, acho que vou gravar melhor as novas informações. Cresci com a ideia de que o passado grego era glorioso, mas agora descobri que ele tem várias outras facetas.

– De tudo que conversamos, o que mais impressionou você?

– A influência das outras culturas. Os gregos copiaram muitas coisas dos outros, mas expandiram as ideias, elevaram as novidades a outro nível. Também me impressionei com a guerra civil no meio da era de ouro e com os tiranos e soberanos que deixaram o poder subir à cabeça. Ah, também me impressionei com o machismo na mitologia, com a situação dos escravizados, com o desenvolvimento da filosofia. É muita coisa! Sei que nada é oito ou oitenta. Por outro lado, acabei de pensar numa coisa: tudo que você me contou é só a sua versão dos fatos.

– É lógico que me concentrei no que considero mais relevante. E isso não vale só para mim. Não dá para ignorar o elemento humano quando lidamos com o passado. Cada um faz perguntas diferentes, e outro arqueólogo certamente se concentraria em outros detalhes. Eu gosto de mostrar a importância do elemento humano com suas idiossincrasias mágicas e complicadas. Desde a princesa minoica que tenta evitar a mudança para o Egito, passando pela sacerdotisa Karpathia, que não dava a mínima para seus terrenos, até o primeiro campeão olímpico da história em 776 a.C., Coroebus, que era cozinheiro.

– Esse você nem citou.

– Verdade. Não citei muitas coisas. Mas falei de Hipocleide, o ateniense que dançou feito louco e arruinou o casamento com a filha de Clístenes. Ela se casou com Mégacles, e eles tiveram o filho que fundaria a democracia. Também falei sobre Friné, a hetaira que fugiu de seu vilarejo e se tornou a personificação de Afrodite. Falei de Córax, o mestre em retórica; de Ageladas, o escultor que antes trabalhava nos vinhedos; de Eurípides, que era um misantropo; de Simão, o sapateiro que foi o primeiro a transcrever os diálogos de Sócrates. Ao mesmo tempo, deixei muita coisa de fora.

– Notei que você tem uma predileção pelas histórias das pessoas, não é?

– Sim. A meu ver, são essas narrativas pequenas e singulares, sobre pessoas pequenas e singulares, que fazem a história ser o que é. Sei que nos impressionamos com as grandes peças expostas nos museus, as estátuas colossais, as coroas douradas, os vasos ornamentados, mas até o menor dos achados arqueológicos pode ter uma história emocionante por trás. Um exemplo: arqueólogos encontraram pedacinhos de vasos quebrados no fundo de um poço na Ágora de Atenas. Os pedaços eram lisos, ou seja, não tinham ornamentação. Não tinham valor artístico. Mas alguns tinham palavras entalhadas. Em um deles, por exemplo, encontramos o recado de alguém para um vizinho. Está escrito: "Quando vier devolver a ferramenta que lhe emprestei, passe-a por baixo da porta, pois saí." Em outro pedaço encontramos o mais antigo convite para um encontro de que se tem notícia. Um jovem chamado Arkesimos deixou uma mensagem para Eumelida sugerindo um encontro. Tudo indica que ele estava morrendo de saudade, releu o que tinha escrito, achou que não era persuasivo o suficiente e acrescentou as palavras "o mais rápido possível".

– E ela foi?

– Não sabemos.

– Que pena. Aliás, você não falou nada sobre a vida amorosa e a sexualidade dos antigos.

– Essa é uma longa discussão.

– Como os gregos lidavam com a sexualidade? Muitos eram homossexuais mesmo?

– Vou responder a essa pergunta com exemplos da religião e da mitologia. Zeus foi o maior garanhão de todos os tempos. Além de ter seduzido inúmeras moças, se interessava por rapazes. O mais famoso deles é Ganimedes. Apolo teve aventuras amorosas com homens e mulheres. Calisto era uma ninfa seguidora de Ártemis, e Zeus tomou a forma de Ártemis para seduzi-la. Calisto não viu nenhum problema nisso. Hércules se apaixonou por muitas mulheres, mas também por companheiros de batalha.

– Então eram todos bissexuais?

– Para que encaixar tudo na nossa concepção contemporânea de orientação sexual, erotismo e identidade de gênero? Vivemos numa sociedade moldada pelo puritanismo e pelo conservadorismo da Idade Média e que é influenciada pela moral rígida das religiões monoteístas da atualidade. A sexualidade do mundo antigo não era tão certinha. Antigamente a heterossexualidade não era defendida com unhas e dentes, não existiam as repreensões e os complexos de culpa que vemos hoje. A percepção da sexualidade mudou muito ao longo dos séculos.

– Me impressiona o fato de que os deuses da Antiguidade tinham um apetite sexual tão… "diversificado". Eles eram venerados, faziam parte da religião das pessoas. Isso significa que os comportamentos deles eram considerados normais. Isso me faz refletir. Mais uma coisa que aprendemos com o passado. Mas tem uma coisa que a arqueologia não é capaz de nos ensinar. – Ele fez cara de deboche. – O que as mulheres desejam de verdade?

– Rá! Ensina, sim! As mulheres querem o mesmo que os homens: segurança.

– Segurança de quê?

– De tudo que nos causa medo. E o que nos causa mais medo? A morte. É por isso que fazemos arqueologia: para compreender o tempo, o lugar, o ser humano. Acreditamos que, se compreendermos o tempo, vamos aprender a lidar com ele e superar a morte.

– E aqui estamos, de novo, na psicologia.

– Logo no começo da conversa eu expliquei que a arqueologia, que é o estudo da Antiguidade e a descoberta do passado, é o parque de diversões da imaginação humana. Todas as nossas experiências, inquietações e alegrias têm raízes no passado. A verdadeira façanha da arqueologia é servir de sessão de psicanálise para toda a humanidade.

– Para você, qual é o aspecto mais importante do conhecimento sobre o passado?

– O que mais me encanta são as hetairas, as prostitutas, os escravizados, os perseguidos, os esquisitões, os desajustados, todos os que não tinham lugar na sociedade. Muitos avanços da humanidade foram feitos pelos esquisitões, excluídos, dissidentes, párias. O conhecimento sobre o passado mostra que a civilização humana está sempre mudando. A Atenas do Período Clássico executou Sócrates, um dos poucos filósofos nascidos e criados ali, talvez o mais influente da história. Anos antes, Anaxágoras foi banido de Atenas por declarar que a Lua não era uma divindade. Da mesma forma, os atenienses ignoraram Alcídamas.

– Você também não chegou a falar desse Alcídamas.

– Não mencionei inúmeros filósofos, não deu tempo. Alcídamas foi um filósofo que ousou dizer que a escravidão era ruim. Defendia que todas as pessoas nasciam iguais, por isso ninguém estava predestinado a ser um homem livre ou uma pessoa escravizada. Segundo ele, esses conceitos não passavam de mentiras que iam contra a natureza humana.

– Então na Antiguidade já tinha gente defendendo a igualdade de todos.

– Nem todo mundo defendia essa ideia. Apesar de ser um grande filósofo, Aristóteles discordava de Alcídamas. Achava razoável que certas pessoas fossem escravizadas por outras.

– Lamentável! Embora seja um filósofo muito importante, ele também se equivocava.

– Se todos nós nos equivocamos hoje, imagine lá atrás. É importante olhar para o passado e enxergar tanto o lado bom quanto o lado não tão bom. Os dois coexistiram. A Atenas do Período Clássico era vanguardista em alguns aspectos, mas ao mesmo tempo chocava em outros! O mundo não aceita bem os inconformistas e, quando eles fazem barulho, são marginalizados. Mas mesmo num mundo em que existem poucas almas ousadas, capazes de refletir, a visão que prevalece no fim não é a tradicional, a conservadora, a moderada. Nunca foi assim. O mundo pertence aos filhos e netos dos pensadores ousados, que acreditam na visão dos párias, e não às crianças que seguem o mesmo caminho dos pais obedientemente. Só através da desobediência é que abrimos novos caminhos. Quantos desses pioneiros não foram considerados párias no seu tempo? Veja os exemplos de Anaxarco e Pirro: eles seguiram Alexandre, o Grande, até e Ásia. Pirro era fascinado pelos magos persas e pelos budistas indianos, e quando voltou à Grécia fundou a escola cética. E Anaxarco talvez tenha sido o único a dizer umas verdades para o Alex!

– O que Anaxarco disse a Alexandre?

– Quando Alexandre afirmou que era filho de Zeus-Amon, Anaxarco apontou para um ferimento no corpo de Alexandre e disse que ele parecia sangrar o sangue de um mortal. Quando o médico sugeriu a aplicação de um cataplasma na ferida, Anaxarco sussurrou: "Fantástico, nosso 'deus' deposita suas esperanças num cataplasma!" Além disso, reza a lenda que Anaxarco teria feito Alexandre chorar ao dizer que muito provavelmente existiam muitos outros mundos que eles não conheciam e que Alexandre não tinha conseguido conquistar sequer todo o mundo que eles conheciam.

– Isso me lembra um pouco física quântica e aquela conversa de universos paralelos.

– Ah, sim, é maravilhoso ver que a imaginação e o espírito humano não conhecem limites. E é mais maravilhoso ainda quando eles dão sua contribuição para as disciplinas formais. Sabia que até a palavra "galáxia" vem do grego antigo?

– Como assim?

– Quando Hércules nasceu, Zeus pediu a Hermes que colocasse o bebê para mamar no peito de Hera enquanto ela dormia. Ela não queria amamentar um filho de um caso extraconjugal de seu marido. Assim, quando Hera acordou, o empurrou para longe. As gotas de leite que caíram na Terra se transformaram em lírios brancos, e o leite que espirrou em direção ao céu formou a galáxia! Aliás, é por isso que ela se chama Via Láctea.

– Nossa! Coitado do Hércules, foi rejeitado desde pequeno.

– Mas perseverou e alcançou o sucesso, assim como inúmeros mortais. Quer um exemplo? Hipárquia de Maroneia. Como pude me esquecer de mencioná-la? Ela era uma deusa na Terra!

– O que ela tem de especial?

– Seus pais se mudaram de Maroneia, na Trácia, para Atenas, onde conheceram o filósofo Crates, um excêntrico.

– Como assim "excêntrico"?

– Ele era um inconformista, um filósofo cínico que rejeitava os bens materiais. Nasceu numa família podre de rica de Tebas, deixou tudo para trás, legou seu patrimônio à cidade e foi para Atenas, onde Hipárquia se apaixonou por sua inteligência. O problema foi que os pais dela eram contra o relacionamento. Inclusive pediram a Crates que convencesse a filha a se afastar dele. Reza a lenda que Crates tirou a roupa, ficou completamente nu na frente dela e disse: "Isto é tudo que tenho!" Foi aí que Hipárquia se apaixonou de vez. Eles formaram um casal fora das convenções sociais. A sociedade da época não aceitava um casal em que ambos se respeitavam e viviam em total igualdade. Há uma história de que em algum momento Hipárquia teria brigado com outro filósofo, Teodoro, o ateu. Ele ficou com raiva, rasgou o vestido de Hipárquia para humilhá-la e a deixou nua, mas ela não se importou.

– Ela não tinha vergonha?

– Era uma mulher à frente do seu tempo! Teodoro ficou ainda mais furioso e disse: "Quem é essa mulher que largou o tear e a tecelagem?" Ela respondeu: "Pelo jeito você acha que eu escolhi mal ao me dedicar à filosofia em vez de desperdiçar meu tempo no tear." Ela era espirituosa! Na época, era vista apenas como uma mulher diferente, mas hoje vemos como ela era extraordinária para seu tempo. Se você pensar bem, é uma punição divina: as pessoas que caçaram e atormentaram os inconformistas tiveram descendentes que veneraram os excêntricos e inconformistas. Onde quer que estejam, talvez as almas de Sócrates e de todos os outros subversivos estejam em paz sabendo que os descendentes dos conformistas e ortodoxos seguiram seus passos. Segundo Heráclito: "A realeza está nas mãos de uma criança."

– Aquele mesmo filósofo "obscuro" que disse aquelas palavras horríveis sobre Homero e sugeriu que lhe dessem uma surra?

– O próprio. Passou os últimos anos de vida recluso e morreu sozinho, longe dos olhos dos adultos, que o desprezavam. Ele só falava com as crianças que brincavam no pátio do templo de Ártemis, em Éfeso. Foi nesse templo que ele deixou a única obra que escreveu. Tendo a crer que, nela, Heráclito se aproximou da verdade mais que qualquer outro cérebro humano. Infelizmente poucas frases desse texto chegaram a nós. Uma delas é: "O tempo é uma criança brincando. A realeza está nas mãos de uma criança."

Ele me agradeceu, trocamos números de telefone e nos despedimos. Quando ele dobrou a esquina, me dei conta de que não havia sequer perguntado o que ele fazia da vida. Será que eu tinha monopolizado a conversa? Fiz sinal para um táxi, entrei e pedi que o motorista que me levasse ao Museu de Arqueologia.

Minutos depois ficamos presos num engarrafamento tão grande que os motoristas tinham até desistido de buzinar, e só se ouvia a música do rádio do táxi.

– Deve ser alguma manifestação – comentou o motorista.

– Não tem problema.

– Parece que a gente vai ficar preso aqui por um tempo.

– Não estou com pressa.

– Você é de outra cidade e quer visitar o museu?

– Não, arqueólogo.

– Ah, que interessante, arqueologia! Você deve saber tudo sobre a nossa história gloriosa e os nossos antepassados. Homens sábios… diferentes de nós.

– Nem todos eram sábios. Eles eram pessoas normais.

– Como assim? Você não acha que Leônidas, Aquiles e Aristóteles eram especiais? Eles não eram heróis, até? E aquele monte de gente importante da Antiguidade? Bom, eu estudei isso na escola, confesso que não lembro muita coisa.

– Não é difícil conhecer o passado.

– Mas você estudou isso, para você é fácil mesmo! Já para o restante das pessoas o passado é um mistério.

– Se quiser eu posso explicar tudo de um jeito bem simples. Pelo jeito temos tempo...

# Bibliografia

Para quem quer se aprofundar na Grécia Antiga, vale avisar que a literatura a respeito do assunto é caótica. Os livros a seguir (sem tradução no Brasil) são boas opções para quem deseja continuar desembaraçando o fio, ou fios, dos milhares de narrativas sobre o tema:

Valavánis, P. *Great Moments in Greek Archaeology*. Los Angeles: J. Paul Getty Museum, 2007.

Plántzos, D. *Greek Art and Archaeology, 1200–30 BC*. Atlanta: Lockwood Press, 2016.

Dickinson, O. *The Aegean Bronze Age*. Cambridge: Cambridge University Press, 1994.

Johnson, M. *Archaeological Theory: An Introduction*. Hoboken, NJ: Wiley-Blackwell, 2019.

Neer, R.T. *Greek Art and Archaeology*. Londres: Thames & Hudson, 2018.

Renfrew, C.; Bahn, P. *Archaeology: Theories, Methods and Practice*. Londres: Thames & Hudson, 2016.

# CRONOLOGIA

 **3,5 MILHÕES DE ANOS:** Paleolítico: O homem aprende a caminhar ereto, construir ferramentas, dominar a natureza e fazer fogo. Começa a viagem!

Mesolítico: Algo começa a mudar.

**7000 A.C.:** Neolítico: O homem aprende a cultivar plantas. Tosquia e ordenha animais. Constrói casas.

 **3000 A.C.:** Civilização cicládica: Sol, sal, mármore e ídolos de argila.

Civilização minoica: Palácios, riqueza, luxo e Linear A.

Civilização micênica: Guerra, palácios fortificados, inspiração para os mitos e Linear B.

**1050 A.C.:** IDADE DAS TREVAS GREGA: Dificuldades e recuperação.

**900 A.C.:** PERÍODO GEOMÉTRICO: Início do Período Histórico. A escrita está de volta, nova e melhor. Desenvolvimento.

**700 A.C.:** PERÍODO ARCAICO: Artes, filosofia, teatro. Resumindo, a cultura floresce.

**490-480 A.C.:** GUERRAS MÉDICAS: a arrogância não compensa. Império Persa perde as guerras para a Grécia.

PERÍODO CLÁSSICO: Auge da civilização grega e a grande guerra civil entre Atenas e Esparta.

**336–323 A.C.:** Alexandre, o Grande, cria um império infinito.

PERÍODO HELENÍSTICO: Muitos reinos. Muitos conflitos.

**31 D.C.:** Roma se torna dona do mundo. Se apaixona pela Grécia.

**324 D.C.:** Fundação de Constantinopla. Fim do mundo antigo.

# AGRADECIMENTOS

Agradeço a todos os meus colegas do Serviço Arqueológico de Kilkis, onde trabalhei enquanto escrevia este livro. Quero agradecer em especial a Georgía Stratoúli, Nektários Poulakákis, María Pharmáki, Stamátis Chatzitouloúsis e Mágda Parcharídi. Agradeço também a meus antigos colegas do Museu Arqueológico de Salônica, onde trabalhei logo após me formar como arqueólogo e onde aprendi muito, e também a meus colegas que me apoiaram na empreitada de *arqueostoryteller* (uma espécie de contador de histórias ligadas à arqueologia) espalhados pela Grécia – no Museu Arqueológico Nacional, no Eforato de Pireu e das Ilhas, Creta, Etólia-Acarnânia, Lacônia, Preveza, Abdera e do Museu Arqueológico de Salônica. Agradeço também aos professores de arqueologia que me convidaram para suas palestras: Evridíki Kefalídou, Marlene Moulíou (da Universidade de Atenas), Alexándra Alexandrídou e Kleopátra Katharíou (da Universidade de Ioannina), e Stávros Vlízos (da Universidade Jônica).

Quero agradecer individualmente a todos os meus colegas que me apoiaram ao longo dos anos no meu projeto de *arqueostoryteller*. Sinto muito, mas são tantos que não tenho como mencionar todos. É maravilhoso poder contar com o apoio da comunidade.

Quero agradecer a Vassilikí Pliátsika e Kóstas Paschalídis, que conheci pela internet durante uma discussão na qual eles discordaram da minha opinião. Agradeço a Tássos Bekiáris, que me apoiou com seu profundo conhecimento da Pré-História. Agradeço a Styliána Ganiníki e a Tassoúla Dimoulá pelos cafés, pelas discussões e pelo apoio incondicional. Agradeço a Vassílis Dímou, que me acompanha desde que estudamos juntos no Old Albion e me ajudou imensamente lendo o manuscrito.

Lembro bem quando enviei a primeira versão deste livro para Dimítris Plántzos, professor de arqueologia clássica da Universidade de Atenas; na época, o livro era um monólogo, e não um diálogo. Foi Plántzos quem teve a brilhante ideia do transformá-lo num diálogo. Por essa ideia, por suas críticas construtivas e por seu apoio incondicional há muitos anos, desde minhas primeiras tentativas de me tornar *arqueostoryteller*, serei eternamente grato. Seus conselhos são valiosos!

Possíveis erros e omissões são culpa minha e de nenhuma das pessoas que me ajudaram e me aconselharam.

Sim, também agradeço a você, mamãe. E a você, minha tia querida.

Agradeço a todo o grupo do TEDxAthens, que acreditou em mim antes de eu mesmo entender o que estava acontecendo. Agradeço também (tenha um pouquinho de paciência, já, já termino) a Ioánnis, Jórgos, Billy, Dimítris, Éva, Lázaros, Eléni, Chrístos, Christína, Jórgos, Aléxandros, Sofía. E Jerry.

Por fim, quero agradecer de coração à minha agente, Evangelíta Avloíti, que acreditou em mim desde o começo e continua acreditando. Quero expressar minha admiração e gratidão à fantástica equipe da Key Books; todos deram o melhor de si e acreditaram neste livro e na filosofia por trás dele!

E é claro que não posso esquecer Líana Stefaní, ex-diretora do Museu Arqueológico de Salônica, que nos deixou cedo demais, numa véspera de Natal. Desde 2007, quando a conheci, até 2019, ela esteve a meu lado como amiga e como exemplo de ciência e profissionalismo. Quando iniciei meu projeto de divulgação arqueológica, publiquei meu trabalho como Theodōros Papakōstas. Foi Líana quem sugeriu: "Use um pseudônimo, funciona melhor." Ela estava certa.

Então pensei em Archaeostoryteller.

## CONHEÇA ALGUNS DESTAQUES DE NOSSO CATÁLOGO

- Augusto Cury: Você é insubstituível (2,8 milhões de livros vendidos), Nunca desista de seus sonhos (2,7 milhões de livros vendidos) e O médico da emoção
- Dale Carnegie: Como fazer amigos e influenciar pessoas (16 milhões de livros vendidos) e Como evitar preocupações e começar a viver
- Brené Brown: A coragem de ser imperfeito – Como aceitar a própria vulnerabilidade e vencer a vergonha (600 mil livros vendidos)
- T. Harv Eker: Os segredos da mente milionária (2 milhões de livros vendidos)
- Gustavo Cerbasi: Casais inteligentes enriquecem juntos (1,2 milhão de livros vendidos) e Como organizar sua vida financeira
- Greg McKeown: Essencialismo – A disciplinada busca por menos (400 mil livros vendidos) e Sem esforço – Torne mais fácil o que é mais importante
- Haemin Sunim: As coisas que você só vê quando desacelera (450 mil livros vendidos) e Amor pelas coisas imperfeitas
- Ana Claudia Quintana Arantes: A morte é um dia que vale a pena viver (400 mil livros vendidos) e Pra vida toda valer a pena viver
- Ichiro Kishimi e Fumitake Koga: A coragem de não agradar – Como se libertar da opinião dos outros (200 mil livros vendidos)
- Simon Sinek: Comece pelo porquê (200 mil livros vendidos) e O jogo infinito
- Robert B. Cialdini: As armas da persuasão (350 mil livros vendidos)
- Eckhart Tolle: O poder do agora (1,2 milhão de livros vendidos)
- Edith Eva Eger: A bailarina de Auschwitz (600 mil livros vendidos)
- Cristina Núñez Pereira e Rafael R. Valcárcel: Emocionário – Um guia lúdico para lidar com as emoções (800 mil livros vendidos)
- Nizan Guanaes e Arthur Guerra: Você aguenta ser feliz? – Como cuidar da saúde mental e física para ter qualidade de vida
- Suhas Kshirsagar: Mude seus horários, mude sua vida – Como usar o relógio biológico para perder peso, reduzir o estresse e ter mais saúde e energia

sextante.com.br